AF509624

GASTON PARIS.

LES CHANTS POPULAIRES

DU PIÉMONT.

(Extrait du *Journal des Savants*. — Septembre-novembre 1889.)

PARIS.

IMPRIMERIE NATIONALE.

M DCCC XC.

CANTI POPOLARI DEL PIEMONTE,

pubblicati da Costantino Nigra.

Torino, Lœscher, 1888, in-8°, XL-600 pages.

I

Ce beau volume réalise enfin un souhait bien souvent exprimé dans
toutes les langues de l'Europe depuis une trentaine d'années. C'est en
1854 que M. Nigra, tout jeune alors, commença dans divers recueils
périodiques piémontais la publication des chants populaires qu'il avait
recueillis d'abord dans les vallées natales du Canavais, puis dans d'autres
districts du Piémont. La beauté de quelques-uns de ces chants, l'intérêt
que la plupart d'entre eux présentaient pour les études comparatives,
la fidélité visible avec laquelle l'éditeur les avait notés, attirèrent aussi-
tôt l'attention; en même temps les recherches érudites, les vues profondes et neuves que l'on remarquait dans le commentaire mettaient
d'emblée le jeune éditeur au premier rang des travailleurs, encore assez
rares, qui jetaient dans différents pays les bases d'une branche nouvelle
de la littérature comparée, à laquelle on devait plus tard donner le nom
de *folk-lore*. Ce n'est pas seulement dans le domaine scientifique que
M. Nigra montrait la rare pénétration de son esprit, sa puissance de
travail et l'élégance simple et lumineuse de son exposition. Remarqué
par M. de Cavour, il fut envoyé à Paris en 1858, et on sait quel rôle
actif et capital il joua dans les mémorables négociations qui amenèrent
l'alliance de la France et de la Sardaigne et la guerre de 1859. Depuis
lors il n'a cessé d'occuper dans la diplomatie des postes de plus en plus
élevés; aujourd'hui le comte Nigra est l'ambassadeur à Vienne de S. M.
le roi d'Italie. Mais les affaires les plus importantes ne lui ont jamais
fait oublier les études auxquelles sa jeunesse s'était vouée avec tant
d'amour et de succès. Non content d'enrichir, à l'aide des nombreuses
contributions que lui apportaient des mains amies, la collection qu'il
avait entreprise, il s'est tenu au courant de tout ce qui a été publié sur

le sujet qui l'intéressait, et il a sans cesse retouché, complété, perfec-
tionné le commentaire qu'il avait jadis ébauché [1]. On savait qu'il tra-
vaillait continuellement à la refonte de ses premiers essais, et on désirait
d'autant plus voir enfin paraître l'œuvre depuis si longtemps annoncée
qu'il était devenu très difficile, puis impossible de se procurer les jour-
naux d'il y a trente ou trente-cinq ans où ces essais étaient disséminés.
En 1876, un article publié par le savant diplomate dans la *Romania* sur
la poésie populaire italienne avait exposé d'une manière à peu près dé-
finitive les vues générales qu'il avait indiquées dès l'abord; mais le recueil dont cet article formait l'introduction continuait à se faire attendre.
Enfin nous l'avons, et il tient tout ce qu'on s'en promettait. L'auteur
seul, et cela n'a rien de surprenant, n'en est pas absolument satisfait;
il aurait rêvé mieux encore. « La présente publication, dit-il au début
de sa courte préface, est plus modeste que celle que j'avais espérée et
promise. Mais j'ai trouvé qu'il valait mieux publier mon recueil de chants
populaires piémontais dans l'état où il se trouve que de courir le risque
de ne pas le publier du tout, en me berçant toujours de l'espoir, aujourd'hui vain, de le rendre plus riche et pour les textes et pour le commentaire. » Peut-être cet espoir se réalisera-t-il quelque jour, et M. Nigra
pourra-t-il nous donner une collection encore plus complète et mieux
« illustrée ». Telle qu'elle est, celle qu'il nous offre nous contente pleinement et prend certainement la première place parmi les œuvres du
même genre qui ont été jusqu'ici publiées.

Elle contient, sans parler des prières, formulettes enfantines, ber-
ceuses, ni des *strambotti* et *stornelli* imprimés en appendice, 153 *canzoni*
d'un caractère généralement épique, données d'abord dans une version-
type (qui est traduite en italien littéraire), puis dans des variantes souvent fort nombreuses. Presque toutes ces chansons ont un commentaire,
qui consiste d'abord dans des rapprochements avec les chansons similaires d'autres pays, puis dans des recherches ou conjectures sur la
date, l'origine et la signification première de la pièce. Sur ce commentaire, l'auteur s'exprime dans des termes où on remarquera un noble
mélange de décision et de modestie; je reproduis ce passage, d'abord
parce qu'il expose des idées intéressantes, ensuite parce qu'il rend à des
savants français, et spécialement, pour désigner ceux qu'il vise surtout,

---

[1] M. le comte Nigra ne s'en est pas
d'ailleurs tenu aux études de *folk-lore*.
Convaincu, comme on le verra plus loin,
de l'importance du *substratum* celtique
pour plusieurs des nationalités romanes,
il a voulu connaître par lui-même la
philologie celtique, et il a fait, dans ce
domaine encore si peu défriché et d'un
abord si difficile, des travaux d'une réelle
valeur.

à MM. Gaidoz et Eugène Rolland, un hommage d'autant plus précieux qu'il s'accompagne d'une certaine divergence de vues [1] :

Le temps et la science me faisant défaut pour commenter comme il l'aurait fallu chaque chanson, j'aurais pu m'abstenir de tout commentaire. Mon œuvre en aurait été rendue plus aisée et moins sujette aux critiques. Mais je m'étais déjà engagé et compromis dans cette voie; l'abandonner aurait été avouer un repentir que je n'ai pas. Je sais bien que l'école à laquelle appartiennent quelques-uns des plus récents collecteurs de chants populaires, spécialement en France, justement préoccupée de la nécessité d'exclure à l'avenir les contrefaçons, les arrangements et les fausses interprétations dont le passé nous offre des exemples trop fameux, semble vouloir rejeter pour le présent tout ce qui n'est pas la transcription pure et littérale de la parole chantée, laissant les commentaires aux générations futures. Cette école a rendu un service signalé à l'étude de la littérature populaire, bien que peut-être elle en ait retardé le progrès en décourageant les recherches. C'est à ses efforts, en très grande partie, que cette étude doit d'avoir désormais une base absolument sincère. Mais on peut dire que maintenant son œuvre est terminée. Les chants populaires sont enfin recueillis presque partout, et en général avec une incontestable fidélité. Il reste aux travailleurs une autre tâche, plus difficile que celle de recueillir les chants et de les imprimer textuellement, c'est d'entreprendre l'examen de la question d'origine. Maintenant que les chants sont recueillis, et sincèrement recueillis, il est temps qu'on cherche à savoir comment ils sont nés, d'où ils viennent, ce qu'ils veulent dire. Persister à éluder la question serait un signe de stérilité plus que de prudence [2]..... C'est pour cela que je n'ai pas privé de commentaires, anciens ou

[1] Qu'il me soit permis de citer une autre remarque du même genre, qui ne peut qu'être méditée par nous et nous inspirer à la fois quelque fierté (au moins pour ceux qui nous ont précédés et dont nous devons tâcher de conserver, sinon d'accroître l'héritage) et beaucoup de circonspection. En parlant d'une étude que j'ai annoncée et que je n'ai pas encore faite sur les différentes versions de l'admirable chanson que j'avais appelée *Jean Renaud*, M. Nigra (qui la désigne sous le nom de *Morte occulta*) fait remarquer que le nom de *Jean*, propre à quelques versions françaises peu anciennes, aurait dû être laissé de côté (ce que je lui accorde volontiers), et ajoute en note : « J'ai insisté sur ce point parce que, quand une chanson est baptisée en France, elle court le monde avec le nom, bon ou mauvais, qu'elle a reçu à ce baptème. Les Français possèdent dans leur langue un des instru-ments de précision les plus parfaits qui existent pour exprimer la pensée, et ils ont ainsi l'enviable privilège, dû à leur génie, de vulgariser plus qu'aucune autre nation les connaissances humaines. Mais justement à cause de cela, et pour nous en tenir au domaine qui nous occupe présentement, aux collecteurs français plus qu'aux autres incombe le devoir d'apporter un grand discernement dans la dénomination de leurs chants populaires. »

[2] L'auteur mentionne ici le beau livre de M. A. d'Ancona, *La poesia popolare italiana* (Livourne, 1878), et, pour l'étude comparée des chants populaires, les travaux de MM. Grundtvig en Danemark, Bugge en Norvège et Child en Amérique. Il parle ainsi du livre de ce dernier savant, *The English and Scottish popular ballads* : « L'éditeur des ballades populaires anglaises et écossaises, Francis James Child, nous a donné de la

nouveaux, la plupart des chants publiés par moi, et dans ces commentaires je n'ai pas évité la question d'origine. Si je n'ai pas ainsi commenté toutes les chansons, la cause en est, comme je l'ai déjà indiqué, dans le manque de temps ou de science; mais ce qu'il ne m'a pas été donné d'accomplir, d'autres peuvent et doivent le faire; on ne peut plus accepter aujourd'hui les excuses qui étaient admissibles il y a vingt ans. La peine sera d'ailleurs largement récompensée, et les surprises ne manqueront pas.

Je ne crois pas, à dire le vrai, que les savants auxquels s'adresse M. Nigra pensent en théorie autrement que lui. Ils ne condamnent pas *a priori* tout commentaire d'une chanson, toute recherche sur son origine. Ils voudraient seulement qu'on s'abstînt de ces conjectures faciles qui se présentent à l'esprit à la suite de quelques rapprochements incomplets, et auxquelles un seul fait nouveau vient souvent enlever toute apparence de fondement. Ils pensent, en cela à la fois plus sceptiques et plus confiants que leur éminent contradicteur, que le trésor du *folk-lore* chanté est encore loin d'être complètement mis au jour, et ils jugent prudent d'attendre, pour en classer et en apprécier les pièces, qu'on en ait des épreuves en nombre suffisamment complet. Mais ils sont certainement disposés à bien accueillir d'abord tout commentaire purement comparatif et, même sur la question d'origine, des renseignements positifs quand il s'en trouve. Ils feront certainement plus que personne leur profit des commentaires, si riches pour le fond, si sobres pour la forme, des *Chants populaires piémontais,* et s'ils n'adoptent pas toujours les conclusions proposées par l'éditeur, ils ne disconviendront pas que les recherches qui l'y ont amené ne soient intéressantes et instructives.

Mais les annotations propres à chaque pièce ne suffisaient pas à l'exposition des vues personnelles de M. Nigra sur le sujet auquel il a consacré tant de travail et de réflexions. Ces vues ont été présentées par lui, avec autant de clarté que de concision, dans une introduction d'une trentaine de pages, qui mérite le plus attentif examen [1]. C'est à cet examen que

---

manière de mettre en œuvre l'érudition spéciale que comportent ces recherches un modèle incomparable, que les collecteurs et commentateurs de chants populaires dans tous les pays feront bien d'étudier et d'imiter. » Je m'associe complètement à ces paroles, et si le recueil de M. Child se composait de chants recueillis oralement, il devrait, dans un concours international, enlever le premier rang même à celui du comte Nigra. Mais le savant américain a travaillé sur des textes manuscrits ou imprimés, ce qui donne à son admirable ouvrage, encore inachevé, un caractère un peu différent.

[1] Cette introduction est l'article publié en 1876 dans la *Romania* (*La poesia popolare in Italia*), mais revu et retouché avec soin.

je m'attacherai surtout, ne pouvant ici prendre à part chaque chanson, ni même les principales, pour en suivre, avec l'auteur, les destinées diverses et en rechercher la patrie première, la forme originaire et la date. J'aurai d'ailleurs l'occasion, au cours de cet examen, de citer l'une -ou l'autre des plus intéressantes et d'en montrer les rapports souvent bien compliqués avec les versions d'autres pays.

La magistrale étude de M. le comte Nigra sur la poésie populaire italienne peut se résumer en cinq thèses, toutes d'une importance capitale et d'une portée qui n'échappera à personne. Ces cinq thèses sont les suivantes :

1° L'Italie, au point de vue de sa poésie populaire, se divise en deux zones bien tranchées, celle du Nord et celle du Sud. Au Nord règne une poésie presque exclusivement épique ou au moins objective; les chansons sont composées de couplets ou de vers en nombre indéterminé; les vers sont de longueur variable, mais ne sont jamais de dix syllabes [1], et l'assonance ou la rime a, d'une manière dominante, un caractère oxytonique. Au Sud fleurit une poésie à peu près uniquement lyrique et spécialement érotique, composée de vers décasyllabiques; les chansons sont limitées à une strophe, dont la rime a toujours un caractère paroxytonique; cette poésie a deux formes, le *strambotto* et le *stornello*. A la différence de la poésie dans ces deux régions correspond une différence dialectale, les parlers du Nord ayant une accentuation où les oxytons dominent, les parlers du Sud ayant une accentuation paroxytonique.

2° La poésie lyrique du sud de l'Italie lui est propre et remonte sans doute à l'antiquité. La poésie épique du nord de l'Italie se retrouve en France, en Provence, en Catalogne et en Portugal, non seulement dans son système général et sa forme de versification, mais dans ses pièces même, qu'on recueille, parfois absolument identiques jusque dans les détails, d'ordinaire avec des variantes qui tiennent aux différences d'idiome et à bien d'autres causes, sur les bords du Tage, de l'Ebre, du Rhône, de la Loire, de la Seine, de la Meuse, du Tessin et de l'Adige.

3° Cette concordance tient à ce que tous les pays où elle se produit ont eu autrefois une population celtique. L'accentuation oxytonique et le génie épique qui leur sont communs viennent de cette source. Le latin, adopté par les peuples celtiques, a subi dans leur bouche une déforma-

[1] Je désigne le nombre de syllabes des vers à la manière française, d'après les vers masculins; on sait que les Italiens et les Espagnols comptent une syllabe de plus : leur hendécasyllabe est notre décasyllabe.

tion particulière et est devenu l'organe d'une poésie populaire qui préexistait sans doute à son adoption.

4° La date des chants qui circulent aujourd'hui dans les différents pays « celto-romans » est extrêmement difficile à déterminer. On a pour quelques-uns des témoignages ou même des versions écrites qui remontent au xvi⁰, voire au xv⁰ siècle; mais le genre est beaucoup plus ancien, et, sans parler des chants perdus, nous avons des chants historiques relatifs à des événements bien antérieurs; or tout chant historique est contemporain du fait qu'il célèbre. Un des chants conservés, au moins, *Donna Lombarda*, remonte certainement à la fin du vi⁰ siècle, époque où se passa le tragique événement dont il garde le souvenir encore tout vivant; un autre (*la Sœur vengée*) peut aussi être attribué avec grande vraisemblance aux temps mérovingiens. Composés dans le latin vulgaire de leur temps respectif, ces chants sont allés se modifiant insensiblement, avec la langue elle-même, à travers les générations qui se les sont transmis de bouche en bouche.

5° Il est difficile de dire quelle est la provenance spéciale, dans cette grande région celto-romane, de chacune des chansons qu'on y retrouve, soit chez tous, soit chez plusieurs des peuples qui l'habitent. Quelques-unes se dénoncent par leur contenu comme nées en Piémont, ou en Espagne, ou en France. La Provence [1], située entre les différentes contrées qui possèdent en commun le trésor des chants populaires épiques recueillis jusqu'ici, doit avoir été presque toujours l'intermédiaire; on a des raisons de croire qu'elle et la France du Nord ont été aussi les foyers de production les plus actifs.

On voit tout de suite l'originalité et l'importance de ces vues, coordonnées en un système qui ne manque assurément pas de grandeur et dont toutes les parties sont étroitement liées. De ces parties, cependant, il nous semble que les unes sont parfaitement solides, et ce sera l'honneur durable de M. le comte Nigra de les avoir établies; que les autres restent assez douteuses pour la critique et ne seront consolidées, si elles doivent l'être, qu'à l'aide de travaux ultérieurs; que d'autres enfin prêtent à de graves objections et ne peuvent être même provisoirement considérées comme assez fortement étayées pour qu'on se hasarde à construire sur les bases qu'elles offrent. Nous les éprouverons les unes après les autres, avec la plus entière liberté et l'impartialité à la fois la plus sympathique et la plus respectueuse.

[1] M. Nigra entend par là, et j'entends avec lui, toute la France méridionale.

II

La constatation de la différence qui existe, au point de vue de la poésie populaire, entre l'Italie du Nord et celle du Sud est la plus belle découverte de M. Nigra, et suffirait à attester la largeur et la justesse de son coup d'œil. Elle a été pleinement accepté et confirmée, depuis qu'il l'a pour la première fois exposée, par les savants les plus compétents en ces matières, et notamment par M. Alessandro d'Ancona [1]. Dans la région du Nord sont compris le Piémont, la Ligurie, la Lombardie, l'Émilie et la Vénétie; le reste de l'Italie appartient à la région du Sud. La poésie du Sud, essentiellement subjective et amoureuse, a deux formes principales, le *strambotto* et le *stornello*, l'un et l'autre formant une strophe unique. Bien que le véritable intérêt du livre que nous examinons ne soit pas dans ce qui concerne cette poésie, nous en dirons quelques mots, pour soumettre en toute modestie certaines observations de détail à nos savants amis *d'oltralpe*.

« *Strambotto* est le nom le plus ancien et le plus général qui se donne, d'un bout à l'autre de la péninsule, au chant court qui partage à peu près exclusivement avec le *stornello*, mais dans une proportion bien supérieure, le domaine infini du lyrisme populaire italien. Nous trouvons ce mot exactement avec le même sens en Piémont (*straniot, stramot, strambot*), dans l'Émilie, dans les Marches, dans une partie de la Toscane (Pistoja), dans les provinces méridionales et en Sicile (*strammottu, strambottu*). Outre cette dénomination générale, le *strambotto* prend aussi dans les diverses provinces des noms spéciaux. En Toscane prévaut le nom de *rispetto*... Dans les Marches un seul et même chant s'appelle *strambotto, canzone, rispetto, dispetto* et aussi *sonetto*, en Sicile *strambottu*, *canzuna* et *canta*, dans le Vénitien *vilota*. » M. Nigra, avec Diez, rapproche très vraisemblablement le mot *strambotto* du vieux français *estrabot*, que Benoit de Sainte-More au xii⁰ siècle emploie pour désigner une chanson satirique [2]; l'un et l'autre à leur tour sont ramenés au latin *strabus*, qui

[1] Voir, dans la *Nuova Antologia* de Florence du 16 mars 1889, le bel article du savant professeur de Pise sur le livre de M. Nigra. Voir aussi, dans la *Perseveranza* de Milan du 20 janvier 1889, un article plein de fines observations de M. Pio Rajna.

[2] On peut se demander s'il est aussi sûr que le français *estrabot* réponde au provençal *estribot*, lequel a passé en espagnol ancien sous la forme *estribote* (voir *Canc. de Baena*, éd. Michel, p. 14, et surtout, p. 31, l'*estribote* de six vers d'Alfonso Alvares de Villasandino). La différence de la voyelle en ferait douter; cependant il faut noter que des deux manuscrits de la *Chronique* de Benoit de Sainte-More l'un, au passage cité, donne *estraboz*, l'autre *estriboz*. Remarquons que ce passage est, avec un de Guil-

en latin vulgaire avait pris la forme *strambus* et le sens de « boiteux » [1].
L'adjectif *strambus*, avec ce sens, existe en italien, en roumain et en al-
banais ; ailleurs il s'est perdu : on le trouve seulement en provençal avec
un sens métaphorique dans *rims estramps*, « vers qui ne riment pas,
qui ne sont pas appariés ». L'*estrambot* à l'origine a donc dû être une
forme de versification considérée comme irrégulière, comme boiteuse, et
ce sens me paraît s'être conservé dans l'espagnol *estrambote*, qui signifie
une queue irrégulière ajoutée à une strophe régulière. M. Nigra pense que
le nom du *strambotto* lui vient de ce qu'il forme une seule strophe non
liée, non appariée, et cela par opposition aux compositions littéraires,
qui sont en général polystrophiques et ont souvent leurs strophes en-
chaînées, comme par exemple les terzines, le sonnet, diverses formes
de chansons et de ballades ; l'épithète de « non apparié », qui en Provence
avait été donnée au vers, en Italie fut appliquée à la strophe. J'avoue
que cette ingénieuse explication ne me satisfait pas pleinement. *Strambus*
ne signifie pas simplement « non apparié » ; il emporte l'idée de « boiteux,
qui va de travers ». Or rien n'est moins boiteux que le *strambotto* dans la
forme qu'on peut appeler normale, la forme sicilienne : il se compose
de huit vers dont les pairs riment et dont les impairs sont reliés entre
eux par ce que M. Nigra nomme fort bien la « consonance atone »,
c'est-à-dire l'identité de la voyelle atone finale. Il me paraît douteux qu'on
ait donné le nom de « boiteuse » à cette strophe par la seule raison
qu'elle n'était pas rattachée à d'autres ; les Provençaux, qui connaissaient
bien les *coblas esparsas*, ne les appelaient point *estrambas*.

Toutefois la forme sicilienne n'est pas celle de toute l'Italie. Dans le
Nord, où d'ailleurs, comme on l'a vu, le *strambotto* n'est pas indigène, il
se compose seulement de quatre vers rimant comme les quatre premiers
de l'octave sicilienne (si ce n'est que la consonance atone y fait ordinairement défaut) ; en Toscane il comprend également quatre vers, plus
une *ripresa*, le plus souvent de quatre vers rimant deux à deux [2]. M. A.

---

laume de Machaut, où *estrabot* a simplement, comme en wallon moderne, le
sens de « raillerie », le seul qu'on ait re-
levé en ancien français (voir le *Dictionnaire* de M. Godefroy).

[1] Alfred de Musset se rappelait cette
déviation de sens quand il a parlé si jo-
liment, dans *Simone*, « D'un voisin sur-
nommé le *Strambe*, Ce qui veut dire
proprement Que, sans boiter, précisément, Il louchait un peu d'une jambe. »

[2] De cette octave serait sortie à
son tour l'octave toscane ou classique,
dans laquelle, comme on sait, les vers
1, 3, 5 d'une part, les vers 2, 4, 6 de
l'autre riment entre eux, les vers 7 et 8
étant unis par une rime « baisée »,
comme disent les Italiens, c'est-à-dire
rimant ensemble. Il faut lire les charmantes remarques de M. d'Ancona sur
le rapport de ces deux strophes (*La
poesia popolare italiana*, p. 310).

d'Ancona a rendu extrêmement vraisemblable l'origine toute sicilienne
du *strambotto*, qui aurait été importé en Toscane vers le xive siècle et
se serait répandu de là dans le reste de l'Italie : la plupart des *strambotti*
qu'on y chante se retrouvent en Sicile sous une forme meilleure, et la
Sicile est le seul pays de l'Italie où aujourd'hui encore il s'en produise
continuellement. Voici comment le savant professeur de Pise explique
le rapport des trois formes que nous venons de décrire : le *strambotto*
sicilien primitif était un quatrain, à rimes portant sur les vers 2 et 4 ;
il fut importé en Toscane sous cette forme, qu'il a conservée en passant
anciennement dans les provinces septentrionales ; en Toscane on y ajouta
la *ripresa*, qui ne fait que répéter sur d'autres rimes une idée exprimée
dans le dernier ou l'avant-dernier vers ; d'autre part en Sicile on doubla
le quatrain primitif et on obtint ainsi l'octave sicilienne actuelle [1]. Je
proposerais volontiers une légère modification à cette si vraisemblable
théorie. Le *strambotto* a pu à l'origine se composer de quatre vers régu-
liers suivis d'une queue irrégulière de forme et de longueur variable,
et contenant peut-être un refrain ; cette queue aura été supprimée dans le
Nord, changée en *ripresa* par les Toscans, remplacée en Sicile par quatre
vers semblables aux quatre premiers. On aurait ainsi l'explication du
nom donné à cette strophe, boiteuse en effet par le manque de symétrie
de sa dernière partie.

  Nous n'avons malheureusement aucun spécimen assuré des *estrabots*
dont Benoît de Sainte-More nous parle au xiie siècle, et qu'il fait composer en Normandie dès le xe siècle. Mais, puisqu'il est bien établi que le
strambotto vient de Sicile, il est permis de supposer qu'il n'est autre
chose, au moins pour le nom, que l'*estrabot* ou *estrambot* [2] normand, porté
là par les compagnons de Robert Guiscard. J'aurai prochainement occasion de parler ici de l'influence de la plus ancienne poésie populaire de
la France sur celle de l'Italie et particulièrement de la Sicile [3]. Je crois
qu'on la retrouve encore en ce cas. Mais va-t-elle plus loin que le nom ?
Les *strambotti* siciliens dérivent-ils directement de nos *estrambots* ? Il est
difficile de le dire. Les *estrambots* français étaient essentiellement sati-
riques : les *strambotti* italiens sont surtout amoureux ; toutefois, en cher-
chant bien, on trouverait peut-être des indices attestant que le caractère

[1] Je néglige ici d'autres formes, que
l'on s'accorde à regarder comme dérivées
et altérées.

[2] *Estrabot* ne peut venir de *strabus*
qu'en passant par *estrambot*.

[3] En rendant compte du livre de
M. Jeanroy sur les origines de la poésie
lyrique française. Je dois dire que le
présent article et les suivants ont été
entièrement rédigés avant que j'eusse
pris connaissance du livre de M. Jeanroy.

satirique qu'ils présentent encore souvent [1] y a été autrefois beaucoup
plus général. Si l'hypothèse que je propose ici est fondée, elle permet
de se faire une idée de la forme de nos vieux *estrambots* : ils se com-
posaient d'une première partie symétrique, puis d'une queue qui ne
l'était pas et qui pouvait beaucoup varier. On peut retrouver des pièces
de ce type dans nos plus anciens recueils de chansons. Ainsi peut-être
un brin de genêt, transplanté de nos guérets normands, a fait surgir en
Sicile, puis en Italie, toute une végétation nouvelle, rapidement trans-
formée, et dont notre flore indigène n'a jamais égalé la richesse, l'éclat
et le parfum.

Le *stornello*, appelé aussi *fiore*, *mottetto*, *romanzetto*, se présente également sous trois formes : 1° deux décasyllabes rimant ensemble ; 2° trois
décasyllabes dont le premier rime avec le troisième ; 3° un vers de
quatre (cinq) syllabes composé d'un nom de fleur et rimant avec le
second des deux décasyllabes qu'il précède (dans les deux derniers cas
il y a consonance atone entre les trois vers) ; mais ces différences ici ne
sont pas régionales. D'après M. d'Ancona, le *stornello* n'est qu'un démem-
brement du *strambotto* ; la forme la plus ancienne est la troisième. On
pourrait se demander si entre la première et les deux autres il y a un
rapport aussi intime qu'on l'admet, et si le distique et le tercet ne sont
pas des formes de toute antiquité indépendantes. Mais, sans entrer dans
ces recherches difficiles, je veux seulement signaler l'étymologie que
M. Nigra propose et que M. d'Ancona accepte du mot *stornello*. D'après
M. Nigra, la forme *ritornello*, usitée à Rome, est fautive et due à une
confusion : le *stornello* est essentiellement improvisé dans des luttes
poétiques (encore aujourd'hui en Toscane, où il a gardé une vitalité que
n'a plus le *strambotto*), et son nom « est un diminutif italien du provençal
estorn..... *Estorn*, en provençal, signifie bataille. Or les *stornelli* se
chantent précisément en alternant, en forme de défi, comme anciennement les vers amébées, et au moyen âge les tençons et les *contrasti*. » Il
me semble qu'il y a plus d'une objection à cette séduisante étymologie.
D'abord le *stornello* n'est pas fort ancien : M. d'Ancona le croit né en
Toscane d'une mutilation du *strambotto*, lui-même importé de Sicile,

---

[1] Les *strambotti* de ce caractère s'ap-
pellent en Toscane *dispetti* (nom donné
dans les marchés à tous les *strambotti*),
et d'après M. Nigra le nom de *rispetti* n'a
été formé que par opposition aux *dispetti* ;
ceux-ci seraient donc plus anciens. Pas-
qualino, dans son dictionnaire sicilien
(xviii° s.), définit le *strammottu* sicilien :
ridicula cantiuncula, *a* strammu (*it.*
strambo), *at innuatur deflexio a vera
significatione in malam partem accepta;*
cela ne veut-il pas dire que pour lui
le *strammottu* était essentiellement satirique ?

par conséquent au plus tôt au xiv° siècle : il est difficile de croire qu'à
cette époque un mot provençal ait passé dans l'usage du peuple toscan [1].
Le mot *stormo*, signifiant, comme *estorn* en provençal, « assaut, attaque »,
existe d'ailleurs en italien, et on ne voit pas pourquoi on aurait été
dériver *stornello* du provençal *estorn* quand on possédait *stormo*. Il faudrait pour cela que le sens de « combat poétique » eût existé déjà pour
le mot provençal; mais ce n'est pas le cas : *estorn* n'est jamais pris au
sens de *tenso*. Dès lors on en revient à se demander si c'est bien *stornello*
et non *ritornello* qui est la forme primitive, ou au moins à chercher
pour *stornello* une autre explication.

Quoi qu'il en soit de ces minuties, la thèse de M. Nigra paraît prouvée.
La poésie populaire de l'Italie propre est caractérisée par son contenu
subjectif et d'ordinaire amoureux, par la strophe unique de vers décasyllabiques, par la rime paroxytonique portant sur les vers pairs, et par
ce gracieux raffinement, facile et propre à une langue dont tous les mots
se terminent par des voyelles non accentuées, de la consonance atone.
A cette belle démonstration M. d'Ancona a ajouté celle de l'origine sicilienne de toute cette poésie, qui à côté de la poésie artistique n'est pas
une des moindres gloires du pays de la mélodie et de l'amour. Voilà
des recherches admirablement conduites et qui nous paraissent cou-
ronnées d'un plein succès.

Revenons à la poésie populaire du nord de l'Italie. Elle est caractérisée,
nous l'avons vu, outre son contenu épique, ses vers autres que le décasyllabe, et sa forme non strophique, par l'oxytonisme de ses assonances
ou de ses rimes. Or cette accentuation est propre aux parlers des régions
où vit cette poésie : elle n'a pu se produire spontanément dans les régions plus méridionales, où le vocalisme est régi par les lois de l'italien
littéraire, c'est-à-dire où les voyelles ultièmes atones des mots latins [2]
se sont maintenues, tandis qu'en Piémont, en Ligurie, en Lombardie, en
Émilie [3], toutes les atones suivant la tonique, excepté l'*a*, sont tombées,
d'où une grande abondance de mots oxytons; les mots de ce genre qui
existent en toscan et dans l'italien méridional y sont rares, peut-être
savants ou empruntés, et le nom même de *tronchi* qu'on leur donne in-

---

[1] C'est la date la plus ancienne que
l'on puisse admettre pour le mot *stornello* en italien, mais il est probablement, au sens qui nous occupe ici,
beaucoup plus moderne. Je ne le trouve
dans aucun dictionnaire italien jusqu'à
nos jours, et il semble, sauf erreur,
qu'on ne l'ait recueilli nulle part avant
le xix° siècle.

[2] Je ne parle pas des pénultièmes,
qui présentent des accidents variés que
nous ne pouvons étudier ici.

[3] La Vénétie offre ici des phénomènes particuliers.

dique que leur forme n'est pas normale[1]. Donc toute poésie qui présente uniquement ou d'une façon tout à fait dominante des rimes *piane* (féminines, paroxytoniques) appartient à l'Italie du Sud; toute poésie qui présente en grande abondance des rimes *tronche* (masculines, oxytoniques) appartient à l'Italie du Nord. Les chansons d ela première classe que nous trouvons dans le Nord, les chansons de la seconde classe que nous trouvons dans le Sud y ont été importées, et presque toujours elles ont subi dans le pays qui les a adoptées des altérations de forme par lesquelles on a essayé de les accommoder aux habitudes d'accentuation de ce pays. Le fait est surtout vrai pour les chansons du Nord qui ont pénétré dans le Sud, car les *strambotti* et *stornelli* qui ont passé dans le Nord ont le plus souvent gardé assez bien leur forme toscane, grâce à la diffusion déjà ancienne et de plus en plus grande du toscan, devenu la langue littéraire de l'Italie. La forme même des chants épiques du Nord et des chants lyriques du Sud décèle donc leur origine, et concorde avec les observations de fait fondées sur l'extrême richesse du Nord en chants épiques, du Sud en chants lyriques, sur la grande pauvreté du Nord en chants lyriques, et surtout du Sud en chants épiques : ces derniers vont en se raréfiant à mesure qu'on descend le long de la péninsule, et M. Nigra constate qu'ils sont tout à fait inconnus en Sicile. Ainsi la théorie qui, au point de vue de la poésie populaire, sépare l'Italie en deux grandes zones est pleinement confirmée tant par les faits extérieurs que par des caractères intrinsèques tenant à la nature même du langage de ces deux zones.

III

La lyrique amoureuse de l'Italie méridionale a, dans d'autres pays, des similaires; elle n'y a pas de congénères. Les *coplas* espagnoles, les *schnadahüpferl* tyroliens, les distiques grecs, les chansons slaves, etc., sont des manifestations indépendantes et originales de cette poésie spontanée que le loisir, la gaieté et surtout l'amour font éclore dans le cœur des hommes. Les savants italiens sont portés à faire remonter très haut leur lyrique et à n'y voir qu'une continuation de la poésie populaire des Grecs et des Latins. La thèse, prise dans sa généralité, est très vraisemblable : les bateliers d'Horace, qui pendant toute la nuit chantaient leur belle *certatim*, la tisserande de Tibulle, qui accompagnait son labeur

[1] Voir la curieuse et savante note de M. d'Ancona sur l'emploi des rimes *tronche* (oxytoniques) dans la poésie littéraire italienne, note qui a été insérée par M. Nigra à la page xvii de son Introduction.

de sa chanson rythmée, ont pour successeurs naturels les campagnards qui se renvoient les *stornelli*, les jeunes filles qui égayent leur travail ou leur repos par les amoureux *strambotti*. Mais ces deux formes en elles-mêmes remontent-elles aussi haut qu'on semble le croire ? Ne sont-elles pas nées au moyen âge, et s'il fallait leur chercher une première origine, est-ce bien aux Grecs et aux Romains qu'il faudrait s'adresser ? Les chants amébées des bergers de Théocrite et de Virgile se continuent-ils vraiment dans le *stornello*, dont nous avons indiqué plus haut, d'après M. d'Ancona, la naissance relativement moderne ? Ce sont là des questions fort difficiles, que je me borne à poser, sans essayer de les résoudre même approximativement. Elles en soulèvent tant d'autres autour d'elles qu'on ne peut les aborder en passant. Ce qui reste assuré et ce qui nous importe, c'est que la poésie lyrique du Sud est purement italienne et n'a de parenté directe avec celle d'aucun autre pays [1].

Il n'en est pas de même de la poésie épique du Nord. « J'ai été le premier, dit à bon droit M. Nigra, à indiquer clairement l'identité d'une série de chants populaires qui sont communs aux pays romans ayant un *substratum* celtique, et qui n'existent pas dans les autres pays romans, c'est-à-dire dans l'Italie moyenne et inférieure et dans l'Espagne castillane. Aujourd'hui cette identité ne fait plus doute, et le présent recueil en apportera de nouvelles preuves en grand nombre. Les futurs commentateurs de la poésie populaire française, provençale, catalane et portugaise savent maintenant qu'une étude sur cette poésie n'est possible que si elle embrasse aussi les chansons populaires de la Haute Italie et, au premier rang, celles du Piémont. »

Le fait, sauf une restriction que je présenterai tout à l'heure, est absolument vrai. Dans la plupart des pays cités, nous trouvons une poésie populaire à sujets épiques, formée de vers qui ne sont jamais des décasyllabes [2], qui sont reliés, généralement d'un bout à l'autre de la pièce, par une assonance le plus souvent masculine, et ne connaissent pas les rimes croisées. Or non seulement cette poésie existe en France, en Catalogne et dans la Haute Italie avec les mêmes caractères, mais les mêmes chansons y circulent et présentent parfois une identité frappante; les exemples s'en trouvent à chaque page du recueil de M. Nigra. Je me bornerai à citer les premiers vers d'une des chansons les plus

---

[1] Pour les *stornelli*, cependant, je ne sais si M. Nigra (et aussi M. d'Ancona) ne trouvent pas plus insignifiantes qu'elles ne le sont les ressemblances de forme qu'ils indiquent eux-mêmes avec des chants français, provençaux et roumains.

[2] Sauf quelques chansons où ce vers apparaît, mais divisé en deux membres de cinq syllabes.

4

belles et les plus répandues, celle à laquelle il donne le titre du *Moro
Saracino* (nº 40). Elle a été recueillie dans huit versions piémontaises,
sept provençales ou languedociennes, seize catalanes et une française.
Le commentaire comparatif auquel M. Nigra a soumis ces nombreuses
versions (sans négliger l'imitation bretonne et les romances espagnoles et portugaises apparentées comme sujet) est un des morceaux
capitaux du livre et l'a conduit à des conclusions fort intéressantes, sur
lesquelles je reviendrai. Dans toutes les régions où elle a pénétré, cette
chanson, en admettant mille variantes de détail, a conservé fidèlement
les tournures, les mots, les rimes de sa forme originaire, et l'on pourrait
presque restituer cette forme par une comparaison critique des versions
diverses. Qu'on en juge par ces vers du début, pris à peu près au hasard
dans chacun des quatre groupes régionaux :

Piémontais : Bel galant a si marida, tan luntan da so pais ;
               L' a spuzà na fia giuvo, tanto giuvo e tant gentil ;
               Tant gentil cuma ch'al era, si savia pas gnian vestì.

Autre : I han maridà Fiorensa, Fiorensinha la gentì ;
           I l'an maridà tan giuvo, ch'a savia 'ncur ben vestì.

Provençal : Lou viscont se marido, lou viscontè joli ;
           N'a preso l'Escrivoto, la flou d'aquest pais ;
           La n'a preso tan jouve que si sab pas vestù.

Autre : Maridon l'Escriveto, l'Escriveto joli ;
           La maridon tan jouino, se saup pa 'nca vestir.

Gascon : Cribeto l'an casado, hillo de Cormesì ;
           Ero n'es tant petito, non se sab pas vestì.

Catalan : Tan petita l'han casada, la filha del Carmesì ;
           De tan petita que n'era, no se'n sab calsà y vestir.

Français : Petit-Jean se marie, se marie à Paris ;
           A pris femme si jeune, qui se sait pas vêtir.

On remarquera que les vers de cette pièce ne sont pas partout de
la même mesure : les membres (le premier à chute paroxytonique, le
second à assonance oxytonique) dont ils se composent ont ici sept (huit),
là six (sept) syllabes. Il faut que l'une de ces deux formes soit l'originale, et il semble probable que c'est la seconde. Quoi qu'il en soit,
c'est bien évidemment la même chanson, née sur un point quelconque
du domaine commun, qui se trouve aujourd'hui également populaire
sur des points fort éloignés. Ce qui a permis la transmission de cette

pièce et de toutes celles qui sont dans le même cas sur une aussi vaste étendue, c'est, comme l'a fort bien vu le savant collecteur piémontais, l'accord des parlers divers de cette région dans quelques traits essentiels, et surtout dans l'accentuation et par conséquent dans le rythme : tous ont en commun la prédominance des désinences oxytoniques sur les paroxytoniques, en sorte qu'avec de légères modifications les vers composés dans un de ces parlers ont pu passer dans les autres et s'y chanter sur le même air ou sur un air semblable. Au contraire, dans l'Espagne propre et dans l'Italie du Sud, où l'accentuation est paroxytonique, les chants de la région oxytonique n'ont pénétré que rarement, difficilement, et en subissant de graves altérations. Ainsi se répète dans la péninsule hispanique ce que nous avons constaté dans la péninsule italique : la région où les voyelles latines autres que l'*a* sont tombées après l'accent possède une poésie épique qui lui est propre, qui a pour caractère un rythme qu'on peut appeler ïambique, et qui est inconnue de la région où les voyelles post-toniques se sont maintenues, et où le rythme du langage et des vers est trochaïque. La France, appartenant tout entière à l'oxytonisme, ne présente pas cette division : les chants épiques s'y rencontrent aussi bien au Midi qu'au Nord.

J'ai dit que j'avais une restriction à faire à cette belle théorie : elle concerne le Portugal. M. Nigra range sans hésiter (p. xxix) le portugais parmi les idiomes romans où domine l'oxytonisme; il l'oppose en ce point au castillan et déclare que les romances espagnoles où les assonances sont masculines ont par là même une origine catalane ou portugaise. J'avoue ne pas comprendre la séparation ainsi établie entre le castillan et le portugais (y compris le galicien). L'une et l'autre langue ont les mêmes lois pour la chute des finales; ces lois sont moins conservatives que celles de l'italien, moins destructives que celles du galloroman. L'italien (méridional bien entendu) garde toutes les voyelles atones, le gallo-roman ne garde que l'*a*, l'hispano-roman tantôt garde, tantôt laisse tomber les voyelles autre que l'*a*. Le portugais, il est vrai, par la chute plus fréquente des consonnes et par l'envahissement de la nasalisation, présente aujourd'hui plus de mots oxytons (surtout des monosyllabes) que le castillan; mais c'est un fait relativement récent, qui ne change pas le caractère général de la langue, et qui d'ailleurs n'introduit entre les deux idiomes qu'une assez faible différence.

A cette observation linguistique s'en joint une autre. Le trésor des *romances* épiques est en grande partie commun à la Castille (j'entends par là toute l'Espagne romane moins la région galicienne-portugaise et la région catalane) et au Portugal. La séparation qui se marque en

4.

Italie entre le Nord et le Sud pour la possession d'une poésie populaire
épique n'existe pas ici. Quand même il serait prouvé (ce qui me paraît
bien contestable) que les romances espagnoles où domine l'assonance
masculine proviennent du Portugal, cet emprunt même attesterait une
facilité d'échange qu'on ne retrouve pas en Italie entre les deux régions
du Sud et du Nord; cette facilité éclate en tout cas dans le fait, admis
par M. Nigra, du passage fréquent de romances espagnoles en Portugal :
les savants portugais pensent même que presque toutes leurs romances
leur viennent d'Espagne [1].

Si nous posons la question par son autre côté, nous arrivons au même
résultat. Est-il bien établi que la poésie populaire portugaise ait avec
celle de la France, de la Catalogne et de la Haute Italie des liens aussi
étroits que le dit M. Nigra? Ce qui caractérise celle-ci, c'est la variété
de ses rythmes : elle emploie des vers d'un nombre très différent de
syllabes, et, bien que sa forme préférée soit un long vers divisé en deux
membres, le second portant l'assonance, cependant elle admet d'autres
formes, par exemple les vers de huit syllabes rimant deux à deux. La
poésie portugaise au contraire, comme la poésie castillane, n'emploie
que le vers à deux membres de sept (huit) syllabes [2], avec assonance
indifféremment masculine ou féminine [3]. Les chansons de la région
italo-française qui ont passé en Portugal, comme en Espagne, ont dû
abandonner leur forme propre et revêtir le costume pareil de ces deux
pays. En fait, je ne vois dans la collection de M. Nigra que cinq chansons qui se retrouvent en Portugal; elles y ont la forme ordinaire des
romances et ne peuvent en rien servir à appuyer la théorie dont il s'agit.

On le voit, suivant moi, le Portugal doit être détaché du groupe
auquel M. Nigra l'a incorporé et être réuni à la Castille pour former un
groupe à part, caractérisé, au point de vue rythmique, par une accentuation intermédiaire entre celle du gallo-roman et celle de l'italien (et
du roumain), au point de vue de la poésie populaire, par la production
de chansons épiques (romances) d'une forme particulière. Cette forme
est assez peu éloignée de celle de beaucoup des chansons épiques du
groupe gallo-roman pour qu'elles aient pu, en la revêtant, s'introduire

---

[1] Voir Braga, *Romanceiro geral*,
p. 165 : « Quasi todos os romances por-
tuguezes são de origem castelhana. »

[2] Pour moi il n'est pas douteux qu'originairement les vers des romances sont
de longs vers divisés en deux membres.

[3] Par exception on trouve des vers
de cinq syllabes et d'autres encore, mais
on peut n'en pas tenir compte, et il est
douteux que les rares pièces où ils apparaissent soient bien populaires de la
même façon que les romances. D'ailleurs
ces pièces sont castillanes plutôt que
portugaises.

dans la région hispano-romane sans trop d'altérations; mais, outre que celles qui ont ainsi pénétré sont en somme très peu nombreuses, elles ont presque toujours dû subir des changements plus profonds que ceux qui les atteignaient quand elles circulaient d'un point à l'autre de la région qui est proprement la leur.

Cette région comprend donc la France, la Provence, la Catalogne et la Haute Italie. La Catalogne n'est qu'une continuation de la Provence; car la langue qu'on y parle a, suivant toutes les vraisemblances, été importée du sud de la France sous Charlemagne et Louis le Débonnaire. La Haute Italie n'offre pas à beaucoup près dans toute son étendue la même richesse de chants populaires épiques. M. Nigra comprend dans la région productrice de ces chants le Piémont, la Ligurie, la Lombardie, l'Émilie et la Vénétie; mais si l'on étudie les recueils de chants populaires de ces différentes provinces, ou les rapprochements donnés en si grande abondance par le savant éditeur, on reconnaît vite que c'est le Piémont proprement dit qui est le vrai foyer de la poésie populaire épique. La Ligurie en fournit à peine quelques spécimens. L'Émilie et surtout la Vénétie sont plus riches, mais elles ne possèdent rien en propre : ce qu'elles ont leur vient du Piémont, et on peut le dire pour la Vénétie avec d'autant plus de sécurité que dans cette région, comme on sait, le langage n'est point oxytonique comme dans le reste de la Lombardie, et que par conséquent les chansons à assonances masculines n'ont pu y naître spontanément. La Lombardie ne paraît féconde que dans les parties les plus septentrionales et les plus voisines du Piémont. Je crois d'ailleurs que M. Nigra partage essentiellement cette manière de voir, et que pour lui aussi c'est du Piémont que sont venus aux autres provinces du nord de l'Italie les chants épiques qu'on y rencontre.

Résumons-nous. Le trésor de la poésie épique, ou mieux lyrico-épique, que nous étudions est, plus ou moins complètement, dans sa forme et dans son fond, propre et commun à la France, à la Catalogne et au Piémont. C'est, à mon avis, en partant de cette donnée première que se pose la question de l'origine et de la patrie de cette poésie.

IV

Dès lors, il est visible qu'elle se pose autrement que ne l'a posée M. Nigra. L'adjonction du Portugal et de la Haute Italie tout entière aux autres provinces avait pour résultat de faire coïncider l'aire de notre poésie lyrico-épique à assonances surtout masculines avec la région où les parlers romans recouvrent un *substratum* celtique, de constituer par

5

conséquent un groupe « celto-roman » qui présentait d'une extrémité à l'autre les mêmes caractères linguistiques et la même poésie populaire : il était séduisant de faire remonter cette double concordance aux habitudes phonétiques et aux aptitudes poétiques des Celtes. La théorie ainsi conçue prêtait déjà à quelques objections : je ne vois pas, par exemple, par quel système ethnographique on peut trouver un *substratum* celtique au portugais; l'Aquitaine était peuplée d'Ibères et non de Celtes; les Ligures n'étaient pas des Celtes; le vénitien, nous l'avons vu, n'a pas les caractères les plus marqués des parlers « gallo-italiques ». Si, comme je le pense, le patrimoine lyrico-épique dont il s'agit est propre à la France, à la Catalogne et au Piémont, son extension ne coïncide pas avec celle du *substratum* celtique. Seulement, les chansons composées dans l'un de ces trois pays ont pu facilement se transmettre du Piémont dans la Haute Italie grâce à l'identité de l'accentuation (pour la Vénétie, le cas est plus compliqué, et je demande la permission de le laisser ici à part) : sur ce point, les remarques de M. Nigra gardent toute leur valeur. Quant à la question de savoir si l'oxytonisme dominant qui est commun aux parlers romans de la Gaule (y compris le catalan) et à ceux de la Haute Italie leur vient du *substratum* celtique qu'ils recouvrent, elle sort du cadre du présent travail. Le plus grand linguiste de l'Italie, et un des premiers linguistes de notre temps, M. Ascoli, est porté à la résoudre par l'affirmative : pour lui, les parlers du nord de l'Italie représentent, comme le français et le provençal, du latin prononcé et repensé par des Celtes. Il détache donc, ainsi que M. Nigra, de l'Italie proprement dite la Gaule cisalpine des anciens, pour la rattacher, par sa langue et son génie, à notre Gaule transalpine. Nous ne pouvons qu'être flattés de cette annexion volontaire — qui, bien entendu, n'a rien à faire avec la politique et les nationalités actuelles [1] — et nous ne songeons pas à nier qu'il n'y ait dans cette théorie une grande part de vérité, et que le fonds ethnique de l'Italie septentrionale ne soit celtique comme celui de la France; mais nous avouons, sans entrer ici dans la discussion de ce problème ardu, que la plupart des concordances relevées entre les parlers romans des deux Gaules nous paraissent bien récentes pour être attribuées à l'identité de l'ancien *substratum* recouvert par le latin. En outre, les phénomènes signalés comme celto-romans se présentent dans des pays romans où le *substratum* n'est pas celtique et ne se présentent pas dans des pays où il l'est. Enfin,

[1] M. Nigra le remarque expressément (p. 29), et il est bien entendu que, comme lui, nous ne faisons ici que de la critique historique, sans aucune arrière-pensée pour les préoccupations du jour.

plusieurs de ces phénomènes sont inconnus aux langues celtiques elles-
mêmes et paraissent même opposés à leur caractère. La conception, au
point de vue linguistique, d'un groupe celto-roman est donc de celles qui
attendent encore leur confirmation de recherches patiemment mûries
et de la lente épreuve du temps.

Les trois objections générales qui viennent d'être faites à la constitu-
tion d'un groupe celto-roman dans le domaine de la linguistique se re-
nouvellent avec plus de force dans le domaine de la poésie populaire.
Je parlerai tout à l'heure de la date qu'on peut avec le plus de vraisemblance attribuer à la production des chansons dont il s'agit. Elles ne
sont, en somme, identiques de forme qu'en France, en Catalogne et en
Piémont, et cette identité de forme, à quelque époque et de quelque
manière qu'elle se soit produite, s'explique par l'étroite parenté, surtout
au point de vue rythmique, des idiomes romans parlés dans ces trois
régions. Si, laissant de côté la forme, nous nous attachons au fond,
nous retrouvons les mêmes thèmes, traités parfois d'une manière éton-
namment semblable, non seulement pour les faits, mais pour l'allure
et le ton du récit, et même pour les détails les plus caractéristiques, en
Espagne, en Bretagne, en Écosse et Angleterre, en Néerlande, en Allemagne, en Scandinavie (surtout en Danemark), et même en Grèce, dans
les pays slaves ou en Hongrie. Enfin les pays restés celtiques ne sont
précisément pas de ceux qui prennent une part prépondérante à la for-
mation de ce trésor lyrico-épique : la Bretagne française a ses *gwerziou;*
mais, si je ne me trompe, on ne trouve rien qui leur ressemble ni
dans le pays de Galles, ni dans l'Écosse gaélique, ni en Irlande. Abs-
traction faite de la date de nos chansons, je ne puis donc pas regarder
comme démontré que la communauté, entre la France, la Catalogne
et le Piémont, d'un certain nombre de ces chansons ait pour cause le
substratum celtique commun à ces trois pays. Il peut fort bien n'y avoir
là qu'un fait de transmission, qui s'explique par la facilité avec laquelle,
par des modifications insensibles, une chanson composée sur un point
de ce domaine pouvait se répandre sur tous les autres.

V

La question capitale qui se présente maintenant à nous est celle de
la date où ont été composés ces chants qu'on recueille aujourd'hui
dans la France du Nord et du Midi, dans la Catalogne, dans le Piémont
et dans la Haute Italie. M. Nigra remarque fort justement (p. xxxiv)
qu'il ne s'agit pas de l'ancienneté des thèmes de quelques-unes de ces

5.

chansons, qu'on peut retrouver jusque dans l'antiquité la plus reculée, mais de la date de leur composition en la forme que l'on entrevoit à travers les modifications qu'elles ont subies dans les diverses versions qu'on en possède. D'après lui, on ne peut faire sur cette date aucune conjecture assurée, sauf pour les chansons historiques : celles-ci sont nécessairement contemporaines de l'événement dont elles conservent le souvenir. La forme toute moderne où on les recueille ne prouve rien contre leur ancienneté, car elles sont allées en s'accommodant sans cesse, de génération en génération, aux transformations de la langue. Il arrive ainsi à faire remonter au vi° siècle la chanson de *Donna Lombarda* et celle de la *Sorella vendicata*, au xiv° siècle celles des *Scolari di Tolosa* et de l'*Assedio di Verrua*, au xv° siècle celle du *Matrimonio Inglese* [1], au xvi° siècle celles du *Re prigioniero* et du *Testamento del marchese di Saluzzo*, aux xvii° et xviii° siècles plusieurs autres. « Dans ce long espace de douze siècles, dit-il, beaucoup de chansons naquirent et moururent, et celles qui nous sont parvenues ont subi des modifications nombreuses, profondes et continues. » Peut-on vraiment faire remonter aussi haut quelques-unes des pièces dont il s'agit, ou d'autres de la collection lyrico-épique des pays qui possèdent des chansons semblables à celles du Piémont? C'est ce que nous devons rechercher.

Le principe posé par M. Nigra me paraît conforme aux données de la plus saine critique. Il est aujourd'hui avéré que la tradition historique s'efface extrêmement vite si elle n'est pas enfermée dans une forme poétique, et on ne connaît, sauf exceptions particulièrement motivées [2], aucun cas où elle ait été, quelques siècles ou même quelques années après un événement, la source de poésies vraiment populaires et non puisées dans les livres. D'autre part il paraît bien surprenant que deux chansons composées au vi° siècle, l'une en Italie, l'autre en Gaule, sur des événements contemporains, soient arrivées jusqu'à nous, tandis qu'aucun des grands faits survenus depuis lors, comme la ruine de la domination lombarde, les victoires de Charlemagne, le désastre de Roncevaux, la conquête de la Catalogne par les Sarrasins, les tragédies qui marquèrent la lutte de l'empire et de la papauté, les croisades, la guerre de Cent ans, les invasions des Turcs, etc., n'y a laissé de traces. Milá y Fontanals, dans son essai si remarquable, paru en 1853, sur

[1] Je ne compte pas *Cecilia*, dont le sujet (celui de *Measure for measure*) n'est bien probablement pas historique; voir l'article cité de M. d'Ancona.

[2] Par exemple un accident de terrain, un monument, une fondation (on en verra plus loin un exemple) peuvent conserver un souvenir dans un certain cercle, d'où il sort parfois pour se répandre dans le peuple.

les chansons populaires catalanes, s'étonnait déjà qu'on ne retrouvât dans ces chansons aucune des anciennes traditions historiques ou romanesques de la Catalogne ou de l'Espagne. Voyons donc si les rapprochements allégués par le savant émule du regretté professeur de Barcelone sont de nature à emporter la conviction.

Pour le *Roi prisonnier,* il n'y a pas de doute possible. La chanson, telle que l'a recueillie M. Nigra, est, comme l'a constaté avec toute raison M. A. d'Ancona, une adaptation maladroite au sort de l'infortuné Louis XVI d'une chanson jadis composée sur la captivité de François Ier (de même que *Malbrough* est, comme on sait, l'altération d'une complainte sur la mort du duc François de Guise). La chanson de la captivité du roi de France à Madrid est sans doute contemporaine de l'événement (1525), et nous en possédons des versions françaises imprimées au xvie siècle. Il n'y a donc pas d'objection à faire à l'ancienneté de cette pièce. D'autres chansons à peu près du même genre remontent un peu plus haut : j'en ai publié, d'après un manuscrit de 1500 environ, une qui se rapporte à la prise de Saint-Omer par les Français en 1487; et on ne peut guère séparer de ces chansons d'aventuriers les chansons normandes qui se groupent autour du nom d'Olivier Basselin, et qui, inspirées par la haine contre les Anglais, maîtres de la Normandie, ont été composées, suivant toutes les probabilités, aux alentours de 1450. Ces chansons ne sont d'ailleurs pas tout à fait semblables à celles qui nous occupent; ce sont les plus anciennes que nous aient transmises des manuscrits.

Il n'y a pas de raison, étant donnés ces faits, pour refuser d'admettre avec M. Nigra que le *Testament du marquis de Saluces* se rapporte à la mort du marquis Michel-Antoine de Saluces, arrivée à Naples en 1528. On accordera avec plus de réserve que la belle chanson du *Mariage anglais,* originairement française, a été inspirée par le mariage de Catherine de France avec Henri V (1420)[1]; elle peut tout aussi bien avoir eu pour point de départ le mariage d'Henriette de France avec Charles Ier (1625); d'ailleurs cette chanson, qui ne contient aucun détail vraiment historique, a fort bien pu être faite longtemps après l'événement, et simplement sur cette donnée, facile à transmettre et choquante pour le sentiment populaire, qu'une fille de France avait épousé un roi anglais.

Les deux chansons rapportées au xive siècle soulèvent beaucoup plus

[1]. Par une de ces accommodations singulières dont nous avons plus haut donné des exemples, cette chanson, restée vivante en Piémont, a été arrangée à la fin du siècle dernier pour s'appliquer tant bien que mal au mariage de la princesse Caroline de Savoie avec le duc Antoine de Saxe (1781).

de doutes. La première raconte un exploit accompli par une femme à un siège de Verrue, où la place résista victorieusement à ses assaillants : c'est arrivé en 1387, mais aussi en 1625, et les fines remarques de l'éditeur ne sauraient suffire à établir qu'il s'agit du premier siège et non du second, le fait en question n'étant relaté par aucun historien ni à l'une ni à l'autre occasion [1]. La chanson des *Écoliers de Toulouse* paraît au premier abord rapportée avec plus de sûreté à la première moitié du xiv° siècle. Elle raconte — dans ses diverses versions françaises, languedociennes, catalanes et piémontaises — comment trois écoliers de Toulouse, ayant insulté trois dames [2], sont condamnés par la justice au gibet ; ils attendent en vain le secours de leur frère, puissant auprès du roi de France : le frère, prévenu trop tard, n'arrive que quand ils sont déjà « pendants » ; il les venge en mettant la ville à feu et à sang. M. Nigra rapproche ce récit d'événements qui se passèrent à Toulouse de 1331 à 1335 : des écoliers ivres ayant fait du désordre dans les rues, l'un d'eux, qui avait frappé d'un coup de poignard un capitoul, eut la tête tranchée et son cadavre fut attaché aux fourches patibulaires ; le Parlement de Paris, saisi d'un appel, punit sévèrement les capitouls pour avoir exécuté un clerc contrairement à ses privilèges, les obligea à faire publiquement amende honorable, à détacher du gibet le corps du supplicié et à l'enterrer eux-mêmes en grande pompe ; la ville dut payer une forte amende et vit suspendre ses libertés municipales. L'analogie, comme on le voit, n'est pas frappante, et sans le nom de Toulouse on n'aurait guère songé à la relever. Mais ce nom est-il bien assuré ? Dans toutes les versions françaises il s'agit de Pontoise ; dans la seule version languedocienne connue (car cette chanson, qui devrait être répandue surtout en Languedoc, n'y a été recueillie qu'une fois, à Carcassonne) Pontoise a été changée, visiblement par ignorance, en *Fontoise* ; mais ce qui est bien plus frappant, c'est qu'à côté de *Toulouse* on trouve en Piémont *Puntuza*, en Catalogne *Pontó*, *Pontosa* et *Puntosa*. On comprendrait fort bien que, la chanson du Sud passant au Nord, on eût substitué Pontoise à Toulouse ; mais quelle explication donner de la présence du nom de Pontoise dans le Midi si Toulouse est le nom originaire ? Supposez au contraire que le lieu primitif de la scène soit Pontoise, et il sera naturel que dans quelques versions méridionales Pontoise ait été remplacée par Toulouse, grande ville bien connue dans cette ré-

---

[1] Je remarquerai seulement que le dernier vers, où Verrue est appelée *Castel de Munferà*, ne s'accorde pas trop bien avec le souvenir du siège de 1387, qui fut soutenu contre le marquis de Montferrat.

[2] Ou une fille dans les versions piémontaises.

gion (des versions catalanes donnent semblablement *Tortose*). Je crois donc qu'ici comme dans d'autres cas la version française est l'originale, et je pense pouvoir en retrouver le point de départ. En 1259, saint Louis fonda l'Hôtel-Dieu de Pontoise avec l'argent qu'il avait fait payer à Enguerrand de Couci en expiation d'un odieux abus de la justice féodale : trois écoliers, confiés à l'abbé de Saint-Nicolas près Laon, ayant par inadvertance chassé dans les forêts de ce hautain baron, il les avait fait arrêter par ses forestiers et pendre aux créneaux de sa fameuse tour. Cela veut-il dire que je regarde la chanson comme remontant à 1259? Assurément non. La cause de la fondation de l'Hôtel-Dieu de Pontoise était restée dans la mémoire [1], et il suffit qu'un poète populaire, accueilli peut-être dans cette maison, en ait entendu un récit plus ou moins altéré pour qu'il ait bâti là-dessus sa chanson. La fin n'est peut-être pas du même auteur; au moins deux des versions françaises ne parlent pas de la destruction de la ville, et l'une d'elles mentionne seulement les cierges qu'on brûlera et les messes qu'on dira en l'honneur des pauvres morts [2]. Le nombre de trois attribué dans la chanson aux victimes, le peu de gravité de leur faute, le genre de leur supplice, sont des traits qui remontent à la vraie histoire, laquelle ici, par exception, a pu et dû se maintenir traditionnellement. Quant à la date de la chanson, nous ne pouvons aucunement la déterminer.

Assurément, après ces résultats, nuls pour le xv⁰ siècle et négatifs pour le xiv⁰, nous ne sommes pas préparés à nous trouver en face de deux chansons du vi⁰ siècle, inspirées directement par des événements contemporains arrivés, l'un en Gaule, l'autre en Italie. La chanson de la *Sœur vengée* nous conserverait le souvenir des aventures de Clotilde, fille de Clovis, mariée en 526 à Amalaric, roi des Wisigoths : maltraitée, en qualité de catholique, par son mari qui était arien, elle envoya, dit Grégoire de Tours, à son frère Childebert un mouchoir teint de son sang; Childebert rassembla une armée et assiégea dans Narbonne Amalaric, qui s'enfuit, mais, étant imprudemment revenu, fut tué d'un coup de lance. La chanson nous montre une jeune femme que son mari bat et prive de tout; un jour, pendant qu'elle lave sa chemise à la fontaine [3], surviennent ses frères : en la voyant si misérable,

---

[1] Gringoire la rappelle expressément dans son *Mystère de saint Louis*, où il a traité en détail tout l'épisode : *Je vueil,* dit le roi, *que faire on en voise* (de cet argent) *Une maison Dieu a Pontoise.*

[2] *Je ferai faire autant de cierges que mes trois frères ont leur pesant; Je ferai dire autant de messes qu'il y a d'étoiles au firmament.* — Il ne s'agit pas là de vengeance.

[3] Ce trait rappelle celui de Kudrun, dans le vieux poème allemand qui porte

ils comprennent la triste vie qu'elle mène [1], et, bien qu'elle essaye d'abord de ne pas trahir son mari, ils le tirent de la cachette où il s'est blotti et le mettent à mort. Le rapprochement institué entre le fait historique et la chanson est dû au premier éditeur [2], Cayx de Marvejols, qui, en publiant en 1829 une version gévaudanaise, écrivait : « Cette romance fort ancienne... passe vulgairement pour un récit des aventures de Clotilde, fille de Clovis et femme d'Amalaric, roi des Visigoths au VI⁶ siècle, etc. » Il suffit de citer ce témoignage pour que le peu de valeur en éclate à tous les yeux. Victor Smith, qui a recueilli deux versions de ce chant dans le Gévaudan même et onze dans le Velai ou le Forez, ne l'a naturellement trouvé nulle part affublé du nom de Clotilde; ce nom décèlerait à lui seul l'imposture, car il est moderne et refait maladroitement d'après les livres : si le nom de Chlotechild avait vécu, il aurait donné *Clouheut* ou *Clouhaut*, et on trouve en effet au XIII⁶ siècle des formes analogues. Quant au thème, c'est une de ces histoires de femmes maltraitées par leur mari, puis délivrées par leurs frères, qui se retrouvent partout, comme le remarque M. Nigra lui-même, et qui, dans sa forme présente, rappelle notamment le conte de *Barbe-Bleue* tel que l'a recueilli Perrault.

M. Nigra ne défend pas avec beaucoup de conviction la haute antiquité de la *Sorella vendicata*; il est visiblement touché des raisonnements que le judicieux et regretté Victor Smith a fait valoir à l'encontre [3]. En revanche, il n'admettra pas, j'en suis sûr, qu'on puisse mettre en doute celle de *Donna Lombarda*, qui est à la fois la pierre angulaire et le couronnement de son édifice. J'avoue que moi-même j'ai longtemps regardé comme irréfutables les arguments dont l'illustre écrivain a savamment appuyé sa thèse. Si je me résous aujourd'hui à contredire l'éditeur des *Canti piemontesi* sur le point auquel il tient certainement le plus, et à

[1] Cette arrivée paraît fortuite dans toutes les versions; une seule des trois piémontaises raconte que la malheureuse épouse avait écrit une lettre à ses frères; M. Nigra semble regarder ce trait comme ancien, parce qu'il rappelle un peu celui du message sanglant envoyé par Clotilde son nom, lorsque, lavant au bord de la mer le linge qu'on l'oblige à blanchir, elle est accostée par son frère et son fiancé, qui vont la délivrer de captivité, et que, dans un mouvement de joie et d'orgueil, elle lance à la mer les hardes qu'elle avait apportées. à Childebert; mais il est bien plus probable que c'est une addition toute moderne.

[2] A vrai dire, la chanson était connue depuis longtemps, au moins dans ses traits essentiels, par l'imitation assez adroite qu'en avait faite Moncrif au XVIII⁶ siècle sous le nom de la *Comtesse de Saux* (voir Nigra, p. 41). La version qu'a connue Moncrif présentait certaines particularités intéressantes.

[3] Ces raisonnements sont pleinement adoptés par M. Rajna dans l'article cité plus haut.

contester cette thèse si séduisante, c'est qu'elle me paraît en opposition avec les faits et les déductions les plus vraisemblables, et qu'il faut absolument l'écarter si l'on veut pouvoir prendre une idée approximativement juste de l'origine et du caractère des chants dans la catégorie desquels elle rentre. J'espère que M. Nigra me pardonnera ma sincérité; je n'ose espérer qu'il adopte ma manière de voir. En tout cas, il est bon qu'une discussion impartiale s'ouvre sur un point qui a pour la critique une importance si considérable.

La chanson n'existe qu'en Italie, où, de 1855 à 1889, on en a recueilli trente-deux versions [1], souvent avec des variantes plus ou moins nombreuses, et en France, où jusqu'à présent on n'en a trouvé qu'une, entendue il y a trente ans dans le Cantal et publiée seulement il y a deux ans par M. E. Rolland. Elle est courte et saisissante, même dans sa forme française, gravement altérée :

> « Allons au bois, charmante brune, allons au bois.
> Nous trouverons le serpent *verde*, nous le tuerons.
>
> « Dans une pinte de vin rouge nous le mettrons;
> Votre mari viendra de chasse, grand soif aura. »
>
> « Tirez du vin, charmante brune, tirez du vin.
> — Oh! par ma foi, mon amant Pierre, 'n y a de tiré. »
>
> L'enfant du *brès* jamais ne parle, a bien parlé :
> « Ne buvez pas de ça, mon père, car vous mourrez. »
>
> « Buvez-le, vous, charmante brune, buvez-le, vous!
> — Ah! par ma foi, mon amant Pierre, n'ai point de soif. »
>
> Elle n'a pas bu demi-verre, s'est renversée;
> Elle n'a pas bu le plein verre, a trépassé.
>
> « Ah! maudit soit le fils d'un prince, le fils d'un roi!
> Il m'a fait prendre un *abivrage*, mourir me faut! »

Cette chanson, où il n'y a presque pas de rime et guère de sens.

[1] A celles qu'a énumérées M. Nigra viennent de s'en ajouter deux nouvelles, l'une de Pistoja, l'autre de San Pietro Capofiume dans le Bolonais, qui ont été tout récemment publiées dans l'*Archivio per lo studio delle tradizioni popolari* (t. VII, p. 353 et 400) que dirige M. Pitrè. Il est à remarquer que cette chanson est en Italie la plus répandue de toutes celles du même genre : on la trouve non seulement en Piémont, en Lombardie, en Émilie en Vénétie, mais dans la Marche, à Rome, en Toscane, et aussi en Istrie.

s'éclaircit et se corrige par la comparaison des versions italiennes. Elles débutent par ce dialogue : « Aimez-moi, dame Lombarde. — Comment le pourrais-je? J'ai un mari. — Faites-le mourir. — Comment? — Dans le jardin de votre père il y a un serpent; vous en prendrez la tête, vous la pilerez et la mettrez dans le vin noir. » Quand le mari va boire, il s'arrête : « Le vin est trouble! — C'est l'orage de la nuit qui l'a troublé. — Buvez-le, dame Lombarde. — Je n'ai pas soif. — A la pointe de l'épée je te le ferai boire! » Ce dernier vers est tout à fait nécessaire à l'intelligence du drame. La fin offre des variantes sur lesquelles je ne m'arrêterai pas ici.

M. Nigra a reconnu dans cette dramatique chanson l'aventure où finit la célèbre Rosmonde en 573. Après avoir fait périr son mari Alboin, elle s'enfuit à Ravenne avec Helmichis, son complice et son nouvel époux. « Alors, dit Paul Diacre, Longin, préfet de Ravenne, se mit à solliciter Rosmonde de tuer Helmichis et de se marier avec lui. Elle, disposée comme elle était à toute méchanceté, désireuse de devenir dame de Ravenne, consentit à un si grand forfait. Comme Helmichis sortait du bain, elle lui offrit une coupe remplie d'un breuvage empoisonné, qu'elle disait salutaire. Lui, dès qu'il s'aperçut que c'était la mort qu'il avait bue, força, en tirant son épée, Rosmonde à boire le reste. Et ainsi, par un jugement de Dieu, ces criminels meurtriers moururent ensemble. » Le nom de *Donna Lombarda*, donné à l'héroïne dans toutes les versions italiennes, paraît au savant éditeur une confirmation éclatante de ce rapprochement en même temps qu'il lui prouve que la chanson est l'œuvre non des Lombards, qui auraient conservé à la fille de Cunimond sa qualité de gépide, mais des Romans assujettis aux Lombards, qui confondaient sous une même appellation leurs maîtres barbares. Il n'hésite donc pas à faire remonter au vi° siècle la chanson si répandue aujourd'hui en Italie; il croit que Paul Diacre au viii° siècle et Agnellus de Ravenne au ix° l'ont connue, et il se hasarde même à restituer en latin vulgaire du temps quelques-uns des vers qui se seraient transmis en se modifiant à peine depuis treize cents ans :

Amate me, Domna Longbarda,   amate me...
Bibe 'lum te, Domna Longbarda,   bibe 'lum te.

Il m'est impossible de suivre le savant et ingénieux écrivain dans ses déductions, et je suis encore moins porté à croire avec M. d'Ancona que la chanson remonte au xii° siècle, époque du premier « réveil de l'esprit, de la langue et de la personnalité du peuple italien », et qu'elle soit une « vengeance posthume de la descendance latine contre une mauvaise héroïne de la race des oppresseurs [1] ». On ne retrouve rien dans la poésie populaire des peuples romans qui ressemble à de pareils sentiments, propres aux historiens de notre siècle, sans compter que l'idée d'une revanche « posthume » prise par les Italiens du xii° siècle contre les Longobards des temps mérovingiens est assurément plus invraisemblable encore que la transmission ininterrompue d'un chant contemporain admise par M. Nigra.

Y a-t-il un rapport réel entre l'histoire de Rosmonde et la chanson de *Donna Lombarda*? On peut en douter. L'aventure tragique qui fait le sujet de ce petit poème est du genre de celles qui en remplissent beaucoup d'autres analogues : maris qui tuent leurs femmes, femmes qui tuent leurs maris, mères qui empoisonnent leurs fils, fils qui égorgent leurs mères, filles qui veulent empoisonner leurs pères et sont découvertes et punies, tout cela fait partie des éléments habituels de la poésie lyrico-épique européenne, du Portugal à la Suède et de l'Écosse à la Serbie. On peut dire que la combinaison représentée par *Donna Lombarda* manquerait à la collection si cette chanson n'existait pas. D'ailleurs, tout en ressemblant beaucoup au récit de Paul Diacre et d'Agnellus, elle en diffère essentiellement en un point [2] : dans la chanson, le mari s'aperçoit que le breuvage est empoisonné avant de le boire [3], soit parce qu'il le voit trouble, soit (et c'est là à mon avis la version originale [4]) parce que son enfant au berceau, par un prodige, parle et l'avertit. Cela met entre les deux drames une différence dont on essaye en vain d'atténuer la gravité [5]. En outre, la chanson ne conserve aucun souvenir d'un crime antérieur de l'héroïne, et il est difficile de croire que la mort de Ros-

---

[1] Dans l'article cité sur le livre de M. Nigra, M. d'Ancona maintient cette opinion, qu'il avait exprimée quelques années auparavant dans son livre sur la poésie populaire ; mais ses arguments ne m'ont pas convaincu davantage. Où donc voit-il, aux xii° et xiii° siècles, une trace de « ces traditions antiques jetées dans un moule poétique par la conscience renaissante du peuple italien » ?

[2] Sans parler d'autres secondaires : le mari de la chanson revient de la chasse et prend un bain ; le serpent est dans le jardin du père de la femme : les époux sont donc chez eux et non de passage dans une ville étrangère, etc.

[3] Une seule version, sans aucune autorité, le fait boire et mourir avec sa femme ; M. Nigra essaye de prouver que les autres versions le sous-entendent.

[4] M. Nigra regarde naturellement ce trait comme interpolé ; M. d'Ancona est du même avis : l'interpolation, dit-il, est évidente. Mais si l'on considère que les vers en question se trouvent dans la plupart des versions italiennes et en outre dans la version française, qui est certainement séparée depuis longtemps du tronc commun, on sera plus volontiers de l'avis contraire.

[5] L'instigateur du crime est dans beaucoup de versions « le roi de France », et il n'est pas sûr que ce ne soit pas là la leçon originale.

monde n'ait pas surtout frappé l'imagination comme étant le châtiment du meurtre d'Alboin.

Mais admettons que ce soit bien la catastrophe de 573 qui forme le sujet du chant de *Donna Lombarda*. Faut-il croire pour cela que la chanson remonte au souvenir de cette catastrophe, soit parce qu'elle en est contemporaine, soit parce que ce souvenir aurait été conservé dans la tradition populaire? Il y a une autre manière beaucoup plus simple de s'expliquer la chose. Il suffit qu'un poète populaire ait entendu raconter, au xvi° ou au xvii° siècle, la tragique aventure de Ravenne, puisée dans le récit de Paul Diacre et les nombreuses histoires qui s'en sont inspirées, pour qu'il ait pu composer la belle chanson que l'on connaît. La justice divine qui frappe la femme coupable apparaissait plus éclatante si le mari échappait au sort qu'on lui préparait : le poète populaire, qui avait peut-être déjà recueilli le récit ainsi altéré, a expliqué le fait par l'intervention miraculeuse de l'enfant au berceau, trait qui se retrouve, comme le remarque M. Nigra, dans la poésie de tous les peuples, employé dans des circonstances diverses. Qu'on ne dise pas que les récits des livres ne pénètrent pas dans la poésie populaire : nous en avons au contraire les exemples les plus incontestables. Une chanson qui est des plus belles et des plus répandues non seulement dans les pays romans, mais dans les pays germaniques, est celle qui raconte le malheur de l'amant qui allait voir sa belle à la nage et qui se noya parce que le flambeau qui le guidait avait été éteint : c'est l'histoire d'Héro et Léandre, et le nom de *Leandro* se trouve dans la première des leçons données par M. Nigra (n° 7); assurément la paysanne qui chantait cette chanson n'avait lu ni Musée ni Ovide, mais il est clair que l'auteur de la chanson avait pris le nom et l'histoire dans la tradition savante [1]. Une romance catalane nous raconte les tragiques aventures de Filomena et de Tarquin, qui a pris singulièrement la place de Térée. M. Bugge a rendu vraisemblable qu'un chant connu dans toutes les langues de l'Europe sous les formes les plus populaires, celui que M. Nigra donne sous le n° 13, provient de l'histoire de Judith et Holopherne. Et pour citer un exemple qui ressemble encore plus au nôtre, les charmantes romances espagnoles et portugaises qui ont pour sujet les amours d'Eginaldo (*Reginaldo, Gerineldo*) avec la fille d'un roi dérivent sans aucun doute du récit du *Chronicon Laureshamense* sur les prétendues amours d'Éginhard avec la fille de Charlemagne, et n'ont pu se former qu'à la suite de la lecture

[1] M. Rajna se sépare très nettement sur ce point de M. Nigra, qui croit que les poèmes antiques et les chansons modernes sur Héro et Léandre peuvent remonter indépendamment à une même source.

de livres savants [1]. Rien n'empêche donc de croire, si l'héroïne de notre chanson est bien Rosmonde (ce que le nom de *Donna Lombarda* peut faire paraître vraisemblable), que cette chanson ait un point de départ analogue.

En résumé, nous n'avons aucune chanson lyrico-épique que des indices internes nous engagent à croire antérieure au xvi⁰ siècle ou à la seconde moitié du xv⁰. Cela posé, considérons les indices externes. J'ai déjà indiqué que les plus anciens témoignages ou textes de chansons de ce genre, appartenant à la France du Nord, se trouvent dans quelques manuscrits du xvi⁰ siècle ou de l'extrême fin du xv⁰, et dans des recueils imprimés dans le courant du xvi⁰ siècle. Pendant le moyen âge proprement dit nous ne trouvons aucun vestige de chanson de ce genre, ni en France, ni en Provence, ni en Italie, ni en Espagne. Comment expliquer ce fait si les chansons en question sont aussi anciennes qu'on le croit? On dira que les rédacteurs de manuscrits méprisaient ces œuvres vulgaires et ne voulaient pas les transcrire. Mais ils ont accueilli bien des compositions d'un caractère tout aussi populaire. On sait qu'il a été de mode au xiii⁰ siècle d'insérer dans les romans mondains des fragments des chansons qui se chantaient le plus; nous y trouvons des pièces composées suivant les règles de l'art, mais aussi des chansons à danser, des refrains, des couplets d'une allure toute familière, enfin des « chansons d'histoire », qui ressemblent aux nôtres, mais sont pourtant loin de se confondre avec elles : pourquoi un auteur comme celui de *Guillaume de Dole*, qui faisait chanter à un de ses personnages les jolies strophes de début (que nous ne connaissons que par lui) de *Bele Doe* et de *Renaut et s'amie*, se serait-il refusé à admettre plusieurs de nos chansons, qui sont d'une allure et d'un style si peu différents? Il n'y avait pas au moyen âge cette distinction marquée entre la poésie des lettrés et celle des illettrés qui se produisit quand les langues vulgaires furent élevées au rang d'« illustres » et remplacèrent le latin comme organes de la littérature élevée. Si la France, l'Italie et l'Espagne avaient possédé, aux xii⁰, xiii⁰ et xiv⁰ siècles, les chansons lyrico-épiques que l'on voit apparaître au xvi⁰ et qu'on recueille de nos jours, dans ces différents pays, de la bouche du peuple, il est incontestable pour moi que nous trouverions l'une ou l'autre de ces chansons dans quelque manuscrit [2].

Je crois donc, pour conclure cette partie de ma discussion avec

[1] Ce sujet, se transformant de plus en plus, est devenu à peu près méconnaissable dans les romances du *Conde Claros*, qui cependant ne peuvent se séparer des autres; voir G. Paris, *Hist. poétique de Charlemagne*, p. 215.

[2] On était au xv⁰ siècle, notamment en Italie, très amateur de chansons fran-

l'éminent éditeur des *Canti popolari del Piemonte*, que ni les chants qu'il a publiés ni leurs congénères de France et de Catalogne ne sont plus anciens que le xvi° siècle ou tout au plus que le xv°. Cette conclusion, que les considérations ci-dessus indiquées rendent vraisemblable, est absolument confirmée par la forme de ces chants, que l'on entende par là leur langue ou leur versification. Mais c'est là un sujet d'études tout nouveau, que je ne veux pas aborder présentement et dont je dirai seulement un mot tout à l'heure.

VI

Après la question de date vient la question de provenance. Je traduirai ici en entier la page remarquable que M. Nigra lui consacre :

Nous ne nous arrêterons pas à démontrer le fait incontestable de l'influence exercée par la langue d'*oïl* et sa littérature sur la littérature des pays voisins. Cette influence fut plus durable que celle de la langue d'*oc*... La poésie romane du moyen âge qui se groupe dans les cycles épiques porte en général l'empreinte originaire de la France, bien qu'elle doive au génie italien l'honneur de sa transformation en véritable épopée littéraire... Reste à voir si cette influence française a atteint aussi la poésie populaire commune aux peuples celto-romans et dans quelle mesure, ou, en d'autres termes, si des chansons d'origine française ont été transmises de la France à la Provence, à l'Italie supérieure, à la Catalogne et au Portugal [1]. Il est hors de doute que des chansons françaises ont été transmises à tous ces pays. Mais cette transmission, en ce qui concerne la Catalogne, ne fut pas directe. Elle dut se faire par l'intermédiaire de la Provence (Languedoc). Au contraire, la transmission de la France à la Provence fut naturellement directe. Dans l'Italie supérieure la transmission a pu et dû se faire des deux manières, soit par l'intermédiaire de la Provence, soit directement, une partie du Piémont étant limitrophe aux dialectes français d'*oïl* (de la Bourgogne [2]), tandis qu'une autre partie et la Ligurie confinent aux dialectes provençaux... En conséquence, une chanson née dans l'Île-de-France ou en Normandie a pu pénétrer dans le cœur du Piémont en suivant l'une ou l'autre des deux voies, celle de la Provence ou celle de la Bourgogne. Du Piémont, de la Ligurie, du Canavais, du Montferrat, elle a pu ensuite se propager dans la Lombardie, dans l'Émilie, dans la Vénétie sans aucune solution de continuité géographique ou linguistique; mais elle a dû s'arrêter et elle s'est arrêtée là où cessent les dialectes à *substratum* celtique. En fait, les chansons du Pié-

çaises, surtout de celles qui avaient un caractère populaire. Les nombreux recueils qui en contiennent n'en présentent cependant aucune qui ressemble aux nôtres : voyez surtout la très intéressante collection publiée par M. Stickney (*Romania*, t. VIII) d'après un manuscrit de Florence du xv° siècle.

[1] Nous avons vu que le Portugal doit être mis à part.

[2] Il y aurait quelques réserves à faire sur ce point; bornons-nous à remarquer en général que la distinction entre la langue d'*oc* et la langue d'*oïl* n'a rien de rigoureux et n'est vraie que pour la langue littéraire du moyen âge.

mont communes aux autres contrées celto-romanes [1] ont la double provenance immédiate que nous avons indiquée. Les unes décèlent une provenance provençale, les autres une provenance française, et de ces dernières les unes sont arrivées au Piémont directement, c'est-à-dire par la Bourgogne; les autres y sont venues en passant par la Provence et en s'habillant, pour ainsi dire, à la provençale.

De son côté, M. d'Ancona, parlant des deux régions, septentrionale et méridionale, de la France, écrit :

Quand on y regarde de près, ces deux régions ne nous apparaissent pas seulement comme un anneau de jonction et un terrain de transit : l'étude parallèle des diverses leçons nous oblige à conclure qu'une grande part des chants communs est originairement provençale ou française. Certes, en thèse générale, rien n'empêche de supposer que de chez nous des chansons sont allées en France... Mais le plus ordinairement, pour emprunter le langage commercial, l'importation dépasse l'exportation... Si maintenant, entre les chansons qui ont ainsi passé les Alpes pour pénétrer en Piémont, les françaises sont plus nombreuses que les provençales, ou à l'inverse, c'est ce qu'il est difficile de déterminer, parce qu'entre les deux parties de l'ancienne Gaule les échanges, naturellement, ont toujours été suivis et nombreux.

Les savants italiens sont donc d'accord pour reconnaître à la majorité des chansons lyrico-épiques recueillies dans leur pays une origine française ou provençale; disons tout de suite que l'étude des assonances ou des rimes permet surtout d'en affirmer l'origine proprement française. Si nous consultons les recueils du même genre formés en Catalogne, nous y trouverons presque à chaque page, plus ou moins conservées dans une version et transformées dans l'autre, des assonances qui sont propres au français [2]. Enfin, si nous examinons les recueils jusqu'à présent publiés de chansons provençales, nous y relèverons aussi des traces extrêmement nombreuses d'une forme septentrionale primitive. Le fait que des chansons françaises, au sens propre du mot, ont passé en grande abondance en Provence, en Languedoc, en Gascogne et de là en Piémont et en Catalogne, est hors de toute contestation [3]. Les recherches récentes, conduites indépendamment sur divers points avec critique et impartialité, amènent à cette conclusion, qui, il y a quelques années encore, aurait semblé bien paradoxale, que la France du Nord est le foyer prin-

[1] Sur cette expression et les idées auxquelles elle se rattache, voir ce que nous avons dit plus haut.

[2] Voir Milá y Fontanals, *Observaciones sobre la poesia popular*, p. 91, et les remarques de ce savant et de P. Briz sur un grand nombre des chansons qu'ils ont publiées.

[3] Cette observation s'applique d'ailleurs à des chansons de tout genre, en dehors des pièces lyrico-épiques dont nous nous occupons présentement.

cipal de la poésie populaire des pays romans voisins dans ce qu'elle a de plus intéressant.

Elle n'en est sans doute pas seulement le foyer, elle en est le berceau. Si, comme nous avons essayé de le rendre vraisemblable, cette poésie remonte essentiellement aux xv⁰ et xvi⁰ siècles, nous voyons qu'elle fait son apparition dans le monde avec les formes rythmiques qui étaient alors en usage en France dans la poésie chantée et qu'elle s'est appropriées. Les recueils de chansons du xv⁰ siècle et en particulier le plus ancien de tous, celui du manuscrit de Florence, ne contiennent pas de pièces lyrico-épiques proprement dites [1], bien qu'on y voie déjà apparaître, nous l'avons dit, des chansons d'un caractère historique qui s'en rapprochent assez; mais ils nous présentent à peu près toutes les formes rythmiques que nous rencontrons dans les chansons lyrico-épiques recueillies de nos jours en France, en Catalogne et en Italie; et nous remarquons, dans les pièces de ces recueils qui étaient destinées à être chantées en dansant et qui ont le caractère le plus populaire, la même coupe générale, comme aussi la même exclusion donnée au décasyllabe partagé en deux membres de quatre et de six syllabes [2]. L'étude de ces formes rythmiques dépasserait beaucoup le cadre du présent article; elle est à faire en entier et donnera, croyons-nous, de très intéressants résultats. Il faudra y joindre celle des airs des chansons : une bonne fortune rare nous a conservé les mélodies de plusieurs chansons du xv⁰ siècle qui présentent des formes semblables aux chansons lyrico-épiques recueillies de nos jours, tandis que les mélodies de celles-ci ont été notées indépendamment en France, en Provence, en Catalogne et en Italie. Je ne doute pas qu'une étude comparative de ces airs dans leurs variantes infinies et leur unité fondamentale ne jette de la lumière sur l'intéressante

[1] Nous en trouvons cependant une qui se rapproche extrêmement du genre : c'est la chanson de la *Péronnelle* (*Chansons du xv⁰ siècle*, publiées par G. Paris, p. 41), qui a été longtemps très répandue. Or cette chanson — ce qui paraît avoir échappé à M. Nigra, mais ce qu'a signalé M. Rajna dans l'article indiqué ci-dessus — se retrouve en Piémont (n° 102, *La bella Peronella*) et, défigurée mais encore reconnaissable, en Catalogne (Milá, n° 236, *La Niña recatada*). Voilà donc une chanson bien authentiquement française et du xv⁰ siècle qui a passé les Alpes et les Pyrénées; en Provence elle paraît s'être perdue, mais elle y a été tellement répandue que *cantar la Peronelo* est devenu une locution proverbiale. Notre mot *péronnelle* remonte aussi à cette chanson extraordinairement populaire.

[2] Il y a cependant une remarque importante à faire : c'est que plusieurs des chansons de nos recueils du xv⁰ siècle, surtout du manuscrit que j'ai publié, portent la trace incontestable de leur origine provençale, savoyarde ou gasconne (il y a même dans ce manuscrit une romance espagnole). Toutefois l'ensemble a bien un caractère français.

question de l'origine et des rapports de la poésie populaire lyrico-épique des nations romanes [1].

Mais, sans entrer dans des recherches spéciales sur la relation des chansons populaires lyrico-épiques et des chansons françaises du xve siècle, nous ne pouvons ne pas nous demander dans quel rapport les premières sont avec la poésie épique et lyrico-épique des siècles antérieurs. La France a produit, depuis le ixe siècle au moins jusqu'au xive siècle, une masse considérable de poésie épique; les chansons romanesques des xve et xvie siècles n'ont-elles pas quelque parenté avec les chansons de geste du haut moyen âge? Je ne crois pas qu'il y ait entre les unes et les autres un lien réel. Aucun sujet, aucun nom des chansons de geste n'a passé dans la poésie populaire : Charlemagne, Roland, Guillaume d'Orange, Renaud de Montauban, Oger, Godefroi de Bouillon, Du Guesclin lui-même, le dernier de nos héros épiques, y sont complètement inconnus. D'autre part, les chansons de geste sont, il est vrai, composées, comme beaucoup de nos chansons populaires, en séries de vers reliés par une même assonance ou rime; mais, outre que les premières comprennent un grand nombre de ces séries, il existe entre les deux formes des différences sensibles. Les chansons de geste n'emploient que le décasyllabe, presque uniquement dans la coupe 4/6, et l'alexandrin [2]; la poésie populaire lyrico-épique exclut absolument le décasyllabe dans la coupe 4/6 et ne l'emploie qu'assez rarement dans la coupe 6/4; elle se sert souvent du vers de douze syllabes, mais souvent aussi de ceux de treize, quatorze, quinze et seize. A ces différents vers elle impose une loi stricte que le vers des chansons de geste n'a pas connue : si, ce qui est la grande majorité des cas, l'assonance est masculine, le premier membre a toujours une chute féminine; si l'assonance est féminine, le premier membre a une chute masculine. En outre, cette poésie distribue très souvent ses assonances en strophes de deux ou trois vers, et elle emploie volontiers le refrain, soit dans l'intérieur, soit à la fin de la strophe. Elle connaît aussi, ce qui est absolument étranger à l'épopée, les vers de huit syllabes rimant deux à deux et groupés en quatrains par la mélodie. Enfin elle

[1] Nous avons maintenant des savants fort en état de traiter cette question difficile, comme M. Gevaërt, à qui l'on doit la restitution musicale des chansons du xve siècle que j'ai publiées, M. Anatole Loquin, qui a déjà fait de vraies découvertes dans l'histoire de nos airs populaires, et M. Julien Tiersot, dont je reçois à l'instant l'important ouvrage intitulé : *Histoire de la chanson populaire en France* (Paris, 1889).

[2] Le vers de huit syllabes a été aussi employé, mais seulement à une époque très ancienne, dans des chansons de geste. Voir là-dessus *Romania*, t. XIII, p. 621.

diffère notablement de l'épopée par son allure et son style, et avant
tout par sa brièveté, absolument contraire à l'ampleur de la narration
épique. Nos chansons lyrico-épiques ne proviennent certainement pas
des chansons de geste.

On serait plus disposé à les mettre en rapport avec les chansons de *toile*
ou d'*histoire*, qu'on a rapprochées, dès qu'on en a découvert les trop
rares échantillons conservés, des romances espagnoles, seul spécimen alors
généralement connu de poésie lyrico-épique. Dans les deux genres nous
trouvons des pièces courtes, divisées en strophes monorimes, munies de
refrains, et racontant une aventure presque toujours d'amour. Il paraît
difficile de ne pas trouver un rapport assez frappant entre des chansons
de toile comme *Bele Orior*, certainement du XIIᵉ siècle, et les plus belles
et les plus anciennes de nos chansons lyrico-épiques. Comparez les débuts :

> Le samedi au soir faut la semaine :
> Gaiete et Orior, serors germaines,
> Main a main vont baignier a la fontaine...
>
> (BARTSCH, Rom. et pastourelles, p. 8.)

> Celles qui vont au bois, c'est la mère et la fille;
> La mère va chantant et la fille soupire :
> « Qu'avez-vous à pleurer, ma fille Marguerite ? »
>
> (Chanson populaire.)

> Tres ninetas rentavan sota 'l torrent,
> L'una 'n renta bugada, l'altra l'esten.
>
> (MILÁ, nᵒ 199.)

> « Duv' a sè-ve ancaminà, Marjin la bela ?
> — Mi m' n' in vad an riva al mar a cumprè d' seda.
> — O venì, bela, sül mar, a cumprè d' seda. »
>
> (NIGRA, nᵒ 44.)

Ne sent-on pas entre ces différentes strophes comme un air de famille,
qu'il est plus facile de reconnaître que de définir? Je doute cependant
qu'il y ait entre les deux genres un rapport de véritable parenté. Les
chansons de toile du XIIᵉ siècle ne nous racontent jamais une histoire
suivie; elles nous présentent une situation rapidement esquissée. Il est
vrai qu'au XIIIᵉ siècle Audefroi le Bâtard, qui essaya de remettre à neuf
et d'accommoder à l'art *courtois* ce genre archaïque, a fait de la chanson
de toile un véritable petit roman sentimental; mais cette tentative, assez
mal venue, est restée isolée et n'a pas dû pénétrer dans le peuple. Les
chansons lyrico-épiques qui vivent encore dans nos campagnes se présentent dès l'origine avec le caractère bien marqué de récits complets,
généralement fort dramatiques, et avec une fraîcheur, une vivacité, une

énergie qui les distinguent absolument des plates compositions d'Audefroi. En outre, la façon dont elles comprennent le vers diffère de celle
des chansons de toile comme des chansons de geste, et si elles ont en
commun avec les premières l'emploi de strophes monorimes d'une
longueur égale, elles s'en distinguent en ce que jamais elles ne donnent
aux strophes plus de trois vers et qu'elles leur en donnent souvent deux,
au lieu que les chansons de toile ne connaissent pas de strophes de deux
vers et en connaissent de quatre et de cinq. Quand elles n'emploient
qu'une assonance pour toute la pièce, le vers, divisé en deux membres,
forme, à vrai dire, une strophe à lui seul et est complètement isolé, ce qui
n'arrive jamais ni dans les chansons de geste ni dans les chansons de
toile. Le refrain est souvent intérieur dans les chansons populaires, et ne
l'est jamais dans les chansons de toile. Enfin le style présente, quand on
l'étudie de près, de notables différences, et les ressemblances, incontestables d'ailleurs, s'expliquent peut-être suffisamment par le fait que les
deux genres sont nés, à quelques siècles de distance, dans le même peuple
et ont eu pour expression la même langue. Mais il est certain que le premier est plus aristocratique, au moins dans les pièces qui nous sont
parvenues, le second plus populaire [1].

Quoi qu'il en soit de cette question purement française, je crois donc
que les chansons, et particulièrement les chansons lyrico-épiques, communes aux pays plusieurs fois désignés, proviennent en grande partie
de France, et que le genre en lui-même y a son origine. Est-ce à dire
que les Provençaux, les Catalans, les Piémontais ont tout emprunté à
la France et n'ont pas composé eux-mêmes des chansons du genre dont
la France avait eu l'initiative? Ce serait aller trop loin. Plusieurs chan-
sons piémontaises relatives à des événements des xvie, xviie et xviiie siècles
sont évidemment de facture locale, bien que parfois, comme on l'a vu,
elles ne soient que des adaptations de chansons plus anciennes de provenance française, et il est probable qu'il en est de même pour des pièces
non historiques. Un grand nombre de chansons catalanes, et non des
moins belles, sont indubitablement l'œuvre originale et propre du génie
national. Il doit en être de même en Provence, et les Français du Midi
ne se sont sans doute pas bornés à répéter les chants de leurs frères du
Nord; mais ici les questions de provenance sont fort complexes et elles
attendent encore que la critique les aborde.

[1] Il faudrait bien s'entendre sur le sens de ce mot et ne pas croire que nos chansons sont des œuvres impersonnelles, ni qu'elles appartiennent aux basses classes proprement dites et aux paysans (ceux-ci les ont conservées, et non créées); mais cette discussion nous entraînerait beaucoup trop loin.

La plupart des chansons propres à telle ou telle contrée, autre que
la France du Nord, y sont restées et n'ont pas pénétré dans les autres.
Y en a-t-il cependant de provenance non française dans le trésor commun, qui, pour les pièces lyrico-épiques, comprend peut-être une cen-
taine de chansons? M. Nigra croit reconnaître la provenance italienne,
provençale ou catalane de quelques-unes de ces chansons à certains traits
de fond ou de forme. Pour le fond, *Donna Lombarda* lui paraît, à cause de
son contenu, certainement nord-italique, et son opinion est ici singulièrement fortifiée par le fait que cette chanson, si répandue en Italie,
n'a été retrouvée ni en Provence ni en Catalogne, et qu'on n'en a recueilli en France que la version incomplète et altérée donnée ci-dessus.
L'origine provençale de la *Sœur vengée* est très contestable; quant à
celle des *Écoliers de Toulouse*, j'ai montré plus haut ce qu'il en faut
croire. La chanson du *More Sarrazin* me paraît plus sûrement provençale [1]; mais si elle a pénétré en Piémont et en Catalogne, elle n'a réel-
lement point passé en France, la seule version française qui en ait été
recueillie l'ayant été dans le Velai et étant restée à moitié languedocienne.
Quant à la forme, l'éminent éditeur des *Canti piemontesi* pense que « le
quatrain de vers de six ou sept syllabes, avec alternance d'assonances
(souvent uniques pour toute une pièce) et de vers non rimés, et de chutes
de vers paroxytoniques et oxytoniques [2], indique, non toujours, mais
souvent, une origine provençale; au contraire, les pièces en vers d'in-
égale mesure et ceux dans lesquels prédomine la désinence oxytonique
indiquent de préférence une provenance française [3]. » Je ne sais, je
l'avoue, sur quelles observations s'appuie cette appréciation, qui me
paraît, à vue de pays, beaucoup mieux fondée dans sa seconde partie
que dans sa première. En somme, on n'a signalé jusqu'à présent (la *Sœur
vengée* et les *Écoliers de Toulouse* écartés) qu'un seul cas du passage en
France d'une chanson lyrico-épique née hors de France, celui de *Donna
Lombarda*, et ce cas, bien qu'assurément très vraisemblable, n'est point
absolument hors de doute [4]. Ici comme ailleurs, nous voyons le génie

[1] Le nom de *More* est inconnu au
vrai français. La chanson me paraît
d'ailleurs se rapporter non à l'époque
des invasions sarrasines, mais à celle
des incursions barbaresques sur les côtes
méditerranéennes.

[2] Pour moi, comme je l'ai dit plus
haut, je vois plutôt des vers divisés en
deux membres dans ce que M. Nigra regarde comme des paires de vers.

[3] M. d'Ancona se rallie à cette opinion.

[4] Il n'y a rien d'impossible à ce
qu'une chanson à peu près oubliée dans
son pays d'origine soit devenue populaire dans un autre. Nous avons dans les
recueils provençaux, piémontais et catalans beaucoup de chansons dont la forme
accuse sûrement l'origine française et
qu'on n'a pas retrouvées en France.

français se maintenir dans une grande indépendance en face de ses voisins : il leur fournit beaucoup, mais il leur emprunte très peu [1].

Enfin, au terme de ces recherches à peine esquissées, une question d'une plus grande portée s'ouvre à l'investigation. En regard du groupe de chansons, d'origine et de forme fondamentalement françaises, que nous trouvons aujourd'hui répandu en France, en Catalogne et en Italie, des groupes semblables se présentent dans l'Espagne non catalane (*romances*), dans la Bretagne française (*gwerziou*), dans l'Angleterre et l'Écosse (*ballads*), dans les pays scandinaves (*kämpeviser*), dans les Pays-Bas et l'Allemagne (*Volkslieder*), dans la Grèce, dans les pays slaves. Entre le groupe français et chacun des autres groupes il y a des rapports plus ou moins grands : les plus intimes existent avec le groupe hispano-portugais, dont plusieurs pièces se retrouvent en catalan, et qui a comme forme à peu près unique une des formes les plus fréquentes du groupe français (vers divisé en deux membres de sept syllabes). Avec les groupes breton, anglais, scandinave, germanique, grec et slave, les rapports ne portent naturellement que sur le fond, mais ils sont quelquefois très frappants. Quelle est l'origine et quel est le caractère de ces rapports ? C'est un sujet d'étude que l'on peut aujourd'hui aborder, grâce au nombre des documents publiés et à l'excellence de quelques-uns des commentaires dont ils ont été l'objet : je me borne à l'indiquer. Je rappelle seulement que, si je ne me trompe, aucun des groupes mentionnés n'a une antiquité sensiblement différente de celle que j'ai cru pouvoir attribuer au nôtre : la critique a peu à peu rapproché considérablement de nous les dates qu'on se plaisait à assigner aux *romances*, aux *gwerziou*, aux *ballads* et aux *kämpeviser*. Sauf exceptions isolées et qu'il faudra solidement établir, on peut dire que toute cette extraordinaire floraison de poésie lyrico-épique surgit à peu près en même temps, c'est-à-dire au xvᵉ siècle ou au plus tôt au xivᵉ, dans les différents pays d'Europe. Est-elle partout spontanée ou s'est-elle propagée d'une région à l'autre ? C'est ce que les études critiques de l'avenir arriveront peut-être à nous apprendre.

[1] Il ne s'agit pas ici, bien entendu, des emprunts purement littéraires faits par la poésie française à la Provence, à l'Italie, à l'Espagne, à l'Angleterre, à l'Allemagne, etc. N'oublions pas non plus ce qui a été dit plus haut sur l'origine provençale de certaines chansons du xvᵉ siècle.

VII

Il resterait à parler de la valeur poétique, comme fond et comme forme, de ces chansons dont nous n'avons étudié que l'histoire et les rapports. Mais ce compte rendu est déjà bien long, et l'appréciation esthétique demanderait encore, pour avoir quelque précision et quelque portée, des développements trop considérables. J'y renonce donc présentement, quelque attrayante qu'elle soit, et je renonce aussi à rechercher dans quel milieu, sous quelle culture sont écloses, sur notre sol, ces fleurs aux couleurs si vives, au parfum si pénétrant, que le vent a dispersées, loin de leur patrie, partout où elles trouvaient un terrain propre à y jeter des racines et à s'y épanouir. Cette double étude ne pourra d'ailleurs bien se faire que plus tard, quand des matériaux plus nombreux que ceux que nous possédons auront permis de reconstituer avec quelque sûreté la forme primitive des chansons. Ces matériaux, on ne saurait trop exciter à les recueillir les amis de la science et de la poésie qui se trouvent à même de le faire. En Catalogne, en Italie, on les possède déjà en grande abondance ; en France, où ils sont plus précieux que partout ailleurs, et où ils devraient foisonner, ils paraissent plus rares et sont généralement plus altérés ; ils ont aussi été jusqu'à présent moins curieusement recherchés, moins fidèlement recueillis. Étrange destinée de notre poésie vraiment nationale, dans ses diverses formes et à ses différentes phases ! Beaucoup de nos chansons de geste n'existent plus que dans leurs imitations étrangères. Notre plus ancienne poésie lyrique ne se laisse deviner que par le reflet qu'elle semble avoir laissé dans la poésie de l'Allemagne, de l'Italie et du Portugal. Et voilà qu'à la fin du moyen âge la France produit une nouvelle et admirable forme de poésie lyrico-épique, qui se répand rapidement autour d'elle dans les pays de langue apparentée à la sienne, et cette poésie, aujourd'hui presque oubliée chez nous, est vivace hors de nos frontières, elle y est pieusement recueillie, et elle nous revient habillée en piémontaise ou en catalane. Heureusement l'injuste dédain, la trop longue indifférence des Français pour leur patrimoine poétique le plus authentique et le plus original fait enfin place à une curiosité intelligente et sympathique. L'idée d'un recueil général de nos chansons populaires, émise il y a trente-cinq ans, était grande, mais prématurée ; elle ne fut pas suffisamment comprise : elle n'a produit qu'un amas de matériaux dont la plus grande partie est sans valeur, mais parmi lesquels il s'en trouve pourtant de fort précieux, comme le montrent les heureuses trouvailles

qu'on y fait tous les jours. Depuis une vingtaine d'années, au Nord et au
Midi, de belles collections ont été formées et publiées : il suffit de citer
les noms de MM. de Puymaigre, Bujeaud, Smith, Bladé, Rolland et de
plusieurs autres. Souhaitons que ces savants aient beaucoup d'émules et
qu'ils se hâtent. Il est pénible de penser que chaque jour peut-être, dans
un des coins de la France où elles vivent encore, il s'éteint pour jamais
une de nos vieilles chansons ou du moins une de leurs variantes. Voilà
trente ans qu'on a noté en Auvergne la si curieuse version de *Donna
Lombarda* que j'ai reproduite plus haut : depuis lors on ne l'a plus ren-
contrée nulle part. Il faut donc encourager tous ceux qui s'efforceront
d'apporter leur contribution au grand trésor, qui ne s'accroîtra peut-être
plus, de notre poésie populaire.

Dans ce trésor, les chansons lyrico-épiques tiendront toujours la place
d'honneur, et pour les classer et les apprécier on aura toujours besoin
de les comparer avec les formes qu'elles ont prises hors de nos frontières
et avec les imitations qu'elles y ont suscitées. Nous devons donc, non
seulement au nom de la science, mais au nom de la France, la plus
grande reconnaissance à ceux qui mettent à notre portée ces formes et
ces imitations étrangères. Cette reconnaissance est bien accrue quand
les collections de chansons apparentées aux nôtres, outre le mérite d'une
grande richesse et d'une grande sincérité, se présentent, comme celles
de M. le comte Nigra, accompagnées d'un commentaire plein de rapprochements précieux, de faits instructifs et de vues profondes. Le
savant diplomate italien a fondé jadis l'étude comparée des chansons
populaires romanes ; il a montré l'intérêt de cette étude, il en a tracé et
appliqué la méthode, il lui a fourni d'incomparables documents : son
livre lui restera indispensable, et elle lui devra certainement la meilleure
partie des progrès qu'elle est appelée à faire [1].

---

[1] Cet article était déjà imprimé quand j'ai pris connaissance du très remarquable compte rendu qu'a fait M. Jeanroy (*Giornale storico della letteratura italiana,* t. XIII, p. 384 à 391) des *Canti popolari piemontesi ;* je ne puis qu'y renvoyer le lecteur. M. Jeanroy se prononce très nettement contre quelques-unes des théories de M. le comte Nigra et présente sur la poésie populaire des réflexions qui méritent toute attention.